歴史・文学・エスペラント

Historio Literaturo Esperanto

伊藤俊彦
Ito Toshihiko

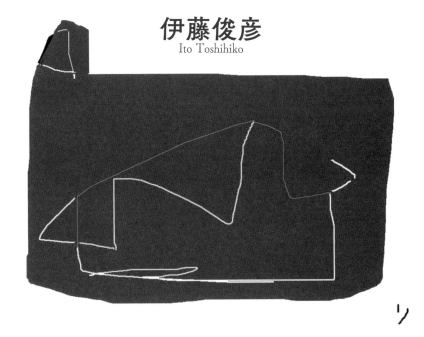

名古屋エスペラントセンター

2020

はじめに

　このたび『歴史・文学・エスペラント』というタイトルで刊行するこの本は、私がこれまでに書いた書評をまとめたものである。ごく少部数発刊され、そして埋もれてゆくエスペラントの本について、本書を通じて読者にその存在を伝え、そうして、それらを読まれる際に多少なりとも参考にしていただければと僭越ながら願っている。

　本書に収録した書評はすべて、"La Movado" "La Revuo Orienta"『エスペラントの世界』『センター通信』に掲載されたものである。書評の対象となる本については、予め編集者から指定された場合もあるが、ほとんどはこちらに選択を任せていただいた。そうはいっても、明確な選択の基準があるわけではなく、新刊書か、刊行後それほど経っていない本のうちから、何となく自分の関心に合いそうな本を選んだ場合が多い。そんな次第であるから、本書はいわゆる網羅的な読書案内、ブックガイドといった類の本ではない。例えば、本書にはエスペラントの入門書、語学書は全く含まれていないし、エスペラント文学史で定評のある書物もごくわずかしか取り上げていない。

　最も古い書評は1981年に書いたものであるが、その後、2000年に入ってからは、公私ともに多忙となり、書評を書く余裕がほとんどなくなった。その後、退職し、イタリアで1年あまり老学生としてイタリア語を勉強し、帰国後の2015年あたりから縁があって再び書き出した。そういう経緯もあって、時期的にもずいぶん偏りがある。

　全体の構成は以下のとおりであり、大雑把に四つに分けてみたが、厳密なものではない。

　第1章はエスペラントで書き下ろされた、いわゆる原作文学に関する書評をおさめた。昨今、エスペラントで書かれたフィクション

の刊行点数が増え、楽しんで読める本も多い。長編小説から短編小説集まで多彩であり、ここで扱ったのはそのうちの極めてわずかな部分に過ぎないが、Trevor Steele を始めとしていくつかの作品を取り上げた。

第2章は、それ以外の、ノンフィクションや翻訳書などに関する書評を収録した。とりわけ、Kalle Kniivilä の現代ロシアを扱ったルポルタージュは、エスペラントでもこういう本が読めるのかという思いを新たにさせられた。その他にも、ぜひこの本を世界の読者に読んでもらいたいという訳者や版元の熱意を感じさせる本が多い。

第3章は、エスペラントの歴史を扱った書物に関する書評をおさめ、日本語で書かれたものも何冊か取り上げた。とりわけ高杉一郎は、敗戦後シベリアで抑留生活を送り、終生、スターリン主義やシベリア抑留について問い続けた人物であり、彼の著書に関する書評をいくつか収録した。もっとも、それらは、彼の著書に対するそのつどの感想を記したものであり、まとまった高杉一郎論となっているわけではない。このことは他の著者についても同様である。また、その著者の代表作と目されている作品を取り上げていない場合もある。

第4章には、ランティの日本滞在（1936〜1937年）をめぐる長文のエッセイに加え、雑誌『エスペラントの世界』の表紙に連載した本についての短い紹介を「記憶の中の本たち」と題して収録した。前者は1986年から1987年にかけて、後者は1983年から1985年にかけて発表したものである。私がランティ論を書いていた時期は、彼の日本滞在のちょうど半世紀後であり、それからさらに30数年が経過したわけである。当時、この文章を執筆しながら、世界をめぐるランティの半世紀前の思考がきわめてアクチュアルであることを実感した。その思いは現在も変わらない。ランティの思想はたえず新たな状況のもとで読み直されることを待っているよう

に私には感じられる。

　ところで、本書をまとめるにあたって若いころに書いた書評を読み直して、いかにも拙く、ずいぶんいい気なものだという感想を持つことが多く、根本的に書き改めたいという思いに駆られた。しかし、いざ取りかかってみると、いかに自分が書いたものとはいえ、それはそれで完結していて、もはや部分的に加筆修正することは不可能であることがわかった。それに、そこには拙いながら、それぞれの本を読んだ際の発見の喜びが語られており、また、それぞれの書評が書かれた時代の雰囲気も何ほどかは反映されている。そこで、文体を統一し、できるだけわかりやすくするための最小限の手入れを行ったうえで、若いころに書いた書評をいくつか収録させていただいた。

　また、特定の本についての書評ではないが、本に関わるエッセイをコラムとして各章の間にはさんだ。

　なお、本書をまとめるにあたって、参考文献などできるだけ参照したが、本書はいわば本をめぐる気楽なエッセイたることを目ざしたので、一部を除き、参考文献リストなどは省略した。ただし、執筆後の新たな知見などは「追記」としてそれぞれの文末に記した。

　こうやって整理してみて、自分の書いたものが質的にも量的にもいかにも貧しいことを痛感する。それでも、他方で、エスペラントの本の世界の豊かさ、多様性を何ほどかは読者に伝えることができたら、と虫のいいことを考えている。

　私は一介の読書好きにすぎず、本書には初歩的な誤読が無数にあるに違いない。本書を手に取られた方には、ぜひ対象となった本そのものを読んでいただき、そうして、エスペラントならではの楽しみを見出していただくよう念願している。

伊藤　俊彦

歴史・文学・エスペラント
Historio Literaturo Esperanto

第 2 章
ノンフィクションと翻訳いくつか　63

第3章
エスペラントの歴史を散策する　93

9

第4章
よみがえる人と書物　161

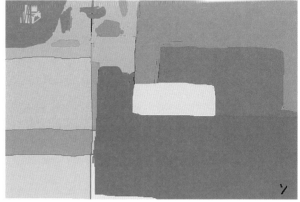

壁

第1章

原作文学あれこれ

エスペラント

Trevor Steele の宇宙

　現代のエスペラント作家のうちで最も多作で、多彩な文学
世界を繰り広げるトレヴァー・スティール Trevor Steele の
作品 6 編――これは彼の作品のほんの一部である。

壁の崩壊に遭遇する

Trevor Steele
"Falantaj muroj kaj aliaj rakontoj"

Internacia Esperanto-Muzeo, 1997, 160p

　1990年前後、ソ連を中心とする社会主義体制の崩壊を告げる事
件が立て続けに起こった。バルト三国での「人間の鎖」、ハンガ
リー経由での東ドイツ国民の西側への流出、ベルリンの壁の崩
壊、ドイツ統一、ソ連のクーデタ等々。そうした出来事を伝えるテ
レビや新聞などの報道を、当時、私たちは息を詰めて見ていた。著
者は同じころ現地に滞在して、じかにその激動を体験した。そし
て、その見聞を数年後に一冊の本にまとめた。それが本書であ
る。

　著者（1940年、オーストラリア生まれ）は、1990年から1992
年にかけて、キエフ（ウクライナ）、タリン（エストニア）、ビド
ゴシチ（ポーランド）、ライプツィヒ（ドイツ）に数か月ずつ滞在
した。そして、学校や個人教授で英語、ドイツ語、エスペラントな
どを教えながら、眼前で歴史の巨大な歯車が回る、いわば特権的
瞬間に図らずも遭遇したのだった。ひとびとも高揚していた。ある
ドイツ人は、東ドイツの崩壊を回想して述べている。「あの何週間
かは、人生で最も興奮した時期だった。人民の声が世界を変える

ことができる、と本当に思えた」（p.107）。

　とはいえ、壁の崩壊は確かに歴史的大事件ではあったが、それが一段落して興奮から醒めれば、そのあとに待っているのは生活である。本書にも、旧秩序の崩壊だけでなく、その後の混乱のなかでの日常生活が語られている。ナイトクラブの喧噪、経営学や外国語とりわけ英語を教える学校の乱立。英語を話す「ネイティヴ」である著者は、学校経営者にとっては大変な目玉商品なのだ。支配的イデオロギーの解体に伴う欲望の無制限な解放は、なにやら日本の敗戦直後の光景を見ているかのようだ。あるいは環境問題（p.53、96、104）に著者はしばしば言及する。それはモスクワが、重工業社会を作るために自然環境を配慮せず、エストニアをはじめとする現地の運命を決めてきたことの結果だという意見を著者は伝えている（p.54）。

　かといって、本書は旧社会主義諸国の政治や経済の堅苦しい分析やルポルタージュではない。本書の身上は何よりも、生き生きとした具体的な語り口にこそある。著者は自転車に乗っていてバスと接触する。泡を食ったバスの運転手とのやりとりは抱腹絶倒だ。あるいは、ビザを取得していなかったので、チェコスロヴァキアの国境を通過できず、ウィーンに追い返されるが、金がなく、知人は見つからず、銀行へ行ってもらちがあかず、窮したあげくオーストラリア大使館へ行って、最初は冷たい扱いを受けるものの、エスペラントがきっかけとなって無事お金を借りることができる（p.123）。このあたりのやりとりは寸劇風でおもしろい。

　あるいは、ソ連の空港で窓口をたらい回しされ、いつまでたっても飛行機に乗れそうにない、ほとんどカフカ的ともいうべき悪夢の体験が語られる。空港職員や税関職員といった官僚機構の末端の役人たちとの虚々実々の戦いが本書にはしばしば登場して、手に汗をにぎらせる。さらに、著者はソ連、東欧生活と相前後する、モーリシャス（1967）、スペイン（1971）、ブラジル（1977）、

"Falantaj muroj kaj aliaj rakontoj"

オーストラリア内陸部（1993）での体験についても語る。世界の
あちこちを訪れ、トラブルに突き当たっては悲鳴を上げながら、し
かし、それを記す著者の筆致はいかにも楽しげで生彩がある。本
書は、著者のこれまでの作品に比して、やや雑然としていて、完成
度という点では今ひとつと感じられるが、その反面、世界の「現
在」を生き生きと伝える知的な刺激にみちた著作であると思う。

（La Revuo Orienta 2000年4月号）

戦後ドイツの光と闇

Trevor Steele
"Neniu ajn papilio"

Internacia Esperanto-Muzeo, 2000, 337p

　この小説の語り手であるオーストラリア人の「私」はドイツに滞在中の1993年に、マーク・ブライアントというイギリス人青年の手記を読み、彼に関心を持つ。マークは1968年から1969年にドイツに滞在して、ある施設の責任者を務めていた。「私」は当時の関係者にインタビューし、彼の人生の軌跡をさぐってゆく。この作品はマークの手記を中心に、当時の事件や人物をめぐる回想を織り交ぜつつ、最後の悲劇に向けて進行する。過去と現在が交錯する緊密な構成、この作者らしく生彩ある語り口で、上質のミステリのような味わいをもった小説である。

　さて、マークが働いていたのは、ナチスの強制収容所に収容され、からくも生き延びたロシア人やポーランド人など東欧系の人々のための施設である。彼らは収容所で受けた深いトラウマのため、戦後も社会に適応できず、犯罪を繰り返し、祖国から受入を拒否されている。そこで、彼らの社会復帰を援助しようと、刑務所出所後の半年間、彼らを住まわせるため、この施設が作られたのである。ただし、彼らはドイツ人を憎悪しているので、責任者は外国人に限られている。そこで、ドイツ語研究のため短期間ドイツを訪れた大学講師のマークが、偶然にもこの地位に就任する。

　マークは入所者たちの日常を、その手記でリアルに書き残していた。ある者は与えられた仕事に適応できず、物乞いに身を投じる。ある者は自由の重荷に耐えかね、刑務所に逆戻りするために犯罪に走る。毎週末に狂気の発作に襲われる者もいる。まともに

社会復帰できる者はほとんどいない。オーストリアの精神科医のフランクルは、ナチスの強制収容所での自身の体験に基づいて1946年に『夜と霧』を書いたが、Steeleのこの小説は、戦後もなお続く『夜と霧』の世界をえがいているといえるかもしれない。

　入所者のヤクブは、不在の「神」をめぐる思考の果てに、神の使者の命令を聞いたと錯乱して、悲劇の引き金を引く。しかし彼の妄想も収容所体験がもたらしたものだった。最終章で、四半世紀後に彼の口から事件の真相が明らかになるくだりは悲痛である。

　この施設の創設者はイギリス貴族のビーチャム夫人である。夫人も戦争の影響を免れていない。彼女は戦後も友と敵という観点からしかドイツ人を見ることができず、それがやがてマークの悲劇を招く一因となる。他方、施設の運営を支えているのはドイツ人たちであり、ほとんど徒労に等しい仕事ながら、それでもやるほかはないという内面的な義務感が彼らを支えている。そのひとりルドルフは、告白教会の信者で、ナチスに抵抗してダッハウ強制収容所に収容され、障害者となる。彼はマークを伴って極寒のベルゲン・ベルゼン強制収容所を訪れ、その直後に死ぬ。

　対照的に、若い世代は学生反乱で高揚している。マークはナイーヴな非政治的人間だが、さまざまな人物や事件との出会いを通じて、次第に成長してゆく。彼が常に読んでいるのはクルト・トゥホルスキーである。マークの若々しい思考と行動、とりわけ、ふたりの女性との恋愛が、大量死と個人の死にみちた物語に明るさを与えている。

　本書は、同じ題材を扱いながら三人称で語られた前作 "Apenaŭ papilioj en Bergen-Belsen" (Pro Esperanto, 1994) よりも、量的にも質的にも格段に厚みを増しており、前作を読んだ人にも新しい読書体験を与えてくれることだろう。

(La Revuo Orienta 2001年10月号)

（追記）

　本書評執筆時点では、この小説がどの程度事実を踏まえて書かれたものなのかわからなかった。その後、2014年に作者の自伝である "Konvinka kamuflaĵo" が刊行されるに及んで、作者自身の体験が色濃く反映されていることがわかった。本書に収録した同書の書評を参照。

"Neniu ajn papilio"

危機の時代におけるジャーナリストの使命

Trevor Steele
"Kvazaŭ ĉio dependus de mi"

Flandra Esperanto-Ligo, 2009, 343p

　本書の表紙には小さな写真が掲載されていて、大柄な看守に見下ろされるようにして小柄な男が壁際に立たされている。写真でははっきりしないが、その男の左肩には562という囚人番号が縫いつけられている。

　この男は、カール・フォン・オシエツキー（1889～1938）といい、この写真は彼がエスターヴェーゲン強制収容所に収容されていた1934年に撮影されたものである。彼はドイツの著名なジャーナリストで、雑誌『世界舞台』に拠って国防軍や台頭するナチズムを常に鋭く批判し、逮捕されて強制収容所に収容されていた1936年にノーベル平和賞を授与されたが、政府が出国を許可しなかったため授賞式に出席できず、第二次世界大戦の前年に病死した。

　本作品は実在したこのジャーナリストをモデルにした作品であり、ナチスの権力掌握に至るプロセスや彼の生涯を踏まえている。ただ、オシエツキーは1938年まで生き延びたが、小説の主人公のクルト・レンツは1934年に強制収容所で逃亡を企てて銃殺される。以下この小説に即して書いてみたい。

　物語の語り手はエーリヒ・シュワルベといい、レンツの同級生、義兄、さらには同僚として、レンツの公私の生活を最も身近に知る立場にあったという設定である。シュワルベは1933年スイスに亡命し、さらに1939年にオーストラリアに移住、ベルリンの壁が崩壊した翌年の1990年、90歳の高齢に達して、この回想を執筆した。これがこの物語の枠である。

　さて、レンツはハンブルクに生まれ、ベルリンに出て、やがて雑

誌 "Nova Folio" の編集長に就任し、国防軍やナチスを鋭く批判する記事を掲載し、自らも毎号執筆する。そのため国防軍から憎まれ、懲役刑の判決を受けて入獄したりする。この小説は議論小説とでもいうのか、登場人物たちがそのときどきの政治状況について果てしない議論を繰り広げ、当時のベルリンの左翼知識人サークルの沸騰する知的雰囲気を彷彿とさせる。日本でもよく知られたクルト・トゥホルスキーなども登場する。

　1929年に世界大恐慌が発生し、その混乱を背景にナチスが台頭する。彼らはドイツが第一次世界大戦に敗れたことに深い怨念を抱き、敗戦の結果成立したヴァイマルの民主主義体制を憎悪し、それを破壊することを目的として政治活動を続ける。1933年1月にヒトラーが首相に就任するや、反対政党、知識人、ジャーナリストなど批判者を次々に弾圧し、さらには1934年6～7月に身内のレームらも虐殺して、絶対的権力を掌握するに至るのである。

　知識人、ジャーナリストに対する弾圧の危機が間近に迫りつつあるなかで、同僚たちはレンツに亡命をすすめるが、彼はそれを拒否して、こう述べる。本書のタイトルの由来である。"Eble, Kant tro influas min ... sed mi devas agi, kvazaŭ ĉio dependus de mi."（p.304）たとえ自分の運命がどうなろうとも、ドイツにとどまって事態の推移を見届け、これを世界に伝えることがジャーナリストとしての自分の義務である、というのである。その姿は殉教者を思わせる。彼の最後の日々を扱った章は、「カルバリ（ゴルゴタ）への道」と名づけられている。1933年2月27日の国会議事堂放火事件の直後、彼は逮捕され、強制収容所に収容されて、翌年銃殺される。

　この作品は、戦間期ドイツという激動の時代を生きたジャーナリストの生涯を精緻に描いていて、細部を読み込むほど興味が深まる。反面、その時々の政治状況を知らないと、引用されているレン

"Kvazaŭ ĉio dependus de mi"

ツの舌鋒鋭い文章はよく理解できないかもしれない。さらに、彼のレトリカルな文体（大部分はオシエツキーの文章がそのまま引用されているようである）そのものが私にはむずかしい。また、ハーゲン・ヒルシュトロームという、もうひとりの同級生が何度も登場するが、彼は早くから反ユダヤ主義に魅かれ、SA（突撃隊）に加わったが、レーム事件を機に亡命し、レンツの遺書をシュワルベに伝える役割を果たす。この人物の登場のさせ方などに、ややご都合主義的な印象を受ける。

　レンツの逮捕から1か月後の1933年3月24日、授権法（全権委任法）が施行され、政府は議会の承認なしに法律を制定できることとなり、その法律は憲法に背反しうることとされた。授権法により、憲法は空文化、三権分立も空洞化し、権力は首相に集中して、戦争への準備が加速されていった。これは戦間期のドイツでの出来事なのか、それとも、われわれの眼前で進行しつつある事態なのだろうか。

　なお、著者自身による英訳 "As Though Everything Depended On Me"（Mirador Publishing, 2012）が刊行されている。

（La Movado 2015年12月号）

ひとはどのようにして作家になるのか

Trevor Steele

"Konvinka kamuflaĵo"

Flandra Esperanto-Ligo, 2014, 270p

　Trevor Steele はきわめて多作な作家である。私などには読むの
さえ追い付けないようなスピードで次から次へと作品（それも大
作）を発表する。しかも舞台はオーストラリアだけでなく、ヨーロ
ッパ、ブラジル、インドなど世界各地に及んでいる。そうした彼の
作品がどこまで自身の体験に根差したものなのか、これまでは読
者にはよくわからなかったが、2014年にこの自伝が発表され、作
品を構想するきっかけとなった体験が明らかにされた。

　例えば、彼は若いころ、あるドイツの施設の長を務める。そこ
は、強制収容所からからくも生き延びたものの、罪を犯して服役し
ていた者たちを収容し、更生させることを目的とする施設であっ
た。彼はその入所者に危うく殺されそうになったりして、散々な目
に合う。"Apenaŭ papilioj en Bergen-Belsen"（1994）や、それ
を増補した "Neniu ajn papilio"（2000）の世界である。また、離
婚後の危機のさなかに、崩壊直前で混乱の極みにあったソ連や東
欧、バルト諸国に滞在し、そこで図らずも歴史の大転換の現場に
立ち会うことになる。この体験は、のちに "Falantaj muroj kaj aliaj
rakontoj"（1997）に結実する。

　その意味では本書はその作品理解に大いに有益である。しか
し、本書は同時に、それ自体として波乱万丈の面白い読み物となっ
ている。彼は友人から、お前は strangulo（英語では eccentric）だ
から好きだ、と言われたと書いているが、まさに、奇矯というか
突飛なエピソードに満ち満ちている。

　彼は60歳を過ぎるまで世界中を渡り歩き、英語、ドイツ語、エ

スペラントの教師、UEA の事務局長、マッサージ師など雑多な職業を経た後、オーストラリアに帰還し、また、やっとふさわしい伴侶に恵まれる。しかし、そうした長い放浪を経て、彼は自分が作家であったことを発見するのである。それまでの苦難や不幸がすべて作品に結実し、極めて多彩な文学世界が誕生することになる。その意味では本書は、現代のエスペラント界を代表する作家がその誕生を自ら語る記録となっている。

　ところで、私には正直のところ、"Konvinka kamuflajo" というタイトルの意味がいまひとつ呑み込めなかった。本作品では、微に入り細をうがち、人生のディテールが語られている。例えば数多くの女性との不器用な関係、統合失調症を患う息子への悲痛な思いなどが極めて率直、それこそ説得的に語られている。その語り口は韜晦しているようには到底見えない。しかし、いくら言葉を尽くしてディテールを書き連ねたところで、それらは結局、仮象にすぎず、真の自己には到達できないという思いが、このタイトルには込められているのだろうか。

　そのことと直接に関係するかどうかはわからないが、彼は若いころ母親の影響でカトリシズムに沈潜し、神父を志した。しかし、やがてそれから離れ、一時は無神論者を自称するまでになる。ところが、ブラジルの Bona Espero に滞在中、スピリティストたちに出会い、その治療を受け、それまでの信念体系が根底から覆される体験、彼に言わせれば「人生で最も決定的な瞬間」に遭遇する。また後にオーストラリアで民間治療を受けて、自分の前世（11世紀の北フランスの死刑執行人！）を知る。そうした体験の後、彼は輪廻転生を受け入れるようになるのだが、このあたりの記述は率直なところ私には納得しがたい。ただ、彼にとっては、そこに圧倒的な体験のリアリティがあったのだろう、ということだけは少なくとも推測がつく。読むほどにいろいろなことを考えさせる本である。

（La Revuo Orienta 2016年10月号）

南の楽園で「ショック・ドクトリン」

Trevor Steele

"Dio ne havas eklezion"

Flandra Esperanto-Ligo, 2015, 270p

　この小説の舞台は、ポリネシアの小さな島々から成る、漁業を中心とする平和な国である。そこを津波が襲い、多数の住民が死亡して、港や漁船、住居にも甚大な被害が発生する。とりわけ被害が大きかったハキルーレ島では、住民が茫然自失しているのをこれ幸いと、オーストラリアの企業が海岸沿いに高級ホテルを建設し、先進国の富裕層向けのリゾート地として開発しようと企てる。また、大統領はその企業と結託して私腹を肥やそうとする。

　他方、主人公のブルースは戦争や巨大災害を報道する世界的に有名なカメラマンだが、家庭生活を顧みなかったため妻に去られ、それに加えて戦地や被災地を駆け巡る生活に疲弊している。ハキルーレ島に取材に赴くが、そこでついに倒れてしまい、現地の女性パーペチュアに介護されることになる。彼は肉体的・精神的に極めてタフであったにもかかわらず、突然強い悲哀の感情に襲われて泣き出したりもする。こうして、平和な伝統社会を外から突然襲った危機と、主人公の内面の危機とが絡み合いながら、物語は進行していくことになる。

　ブルースは、パーペチュアやその父親で神父（！）のパトリックと会話を交わしたりするうちに、次第に心身ともに回復していく。やがて、彼とパーペチュアとは愛し合うようになる。その間にも、当局は海岸を封鎖して立入禁止にし、住民はこれに対してデモ行進により抗議するが、軍隊が発砲して、デモの先頭に立っていたパトリックら多数の住民が虐殺される。自然災害の直後に人為的な災害に見舞われて、住民の共同体は解体の危機に襲われる。し

23

かし、幸いなことに、ようやく病が癒えたブルースの活躍によって、住民は再生へのきっかけを与えられる。ただし、彼らが選んだ道は意外にも、大企業やそれと結託した権力に戦いを挑むことではなくて、数百キロメートル離れた彼らの父祖の島に移住することであった。ブルースは企業に要求して船や食糧を出させ、住民はそこに向けて船出してゆく。彼らはグローバリズムともリゾート開発とも横暴な権力とも無縁の地で、引き続き漁業中心の自給自足の生活を再建しようというのである。ブルースとパーペチュアは彼らと別れてオーストラリアに向かうことになる。というところが大まかなあらすじ。

　この作品では、自然災害のために現地住民の伝統的な社会が一掃され、彼らがショック状態にあるすきに企業と政府が結託して一挙に開発を進めようと企てる。「惨事便乗型資本主義」の典型的な事例である（ナオミ・クライン『ショック・ドクトリン』、岩波書店、2011、参照）。2004年12月のスマトラ沖大地震に伴って津波が発生し、スリランカその他を襲った。本作品の構想には、この津波とその後の経過が踏まえられていよう。本文中でもブルースはスリランカに何度か言及している（津波そのものに関しては、2011年の東日本大震災で発生した巨大な津波を撮影した恐るべき映像も作者の念頭にあったのかもしれない）。

　ところで、作品の後半でブルースは変装して企業に乗り込み、やおらかつらや付けひげを外して名乗りを上げ、要求を突きつけるなど、大活劇を繰り広げる。また、彼とパーペチュアはいったん別れを余儀なくされるものの、ほどなく再会し、より強く結ばれることになる。こうしたドラマティックなストーリー展開と、登場人物たちの精彩に富む会話によって、この作品は上質なエンタテインメントに仕上がっていて、読者を飽きさせない。

　他方で、しかし、そうした劇的な展開の合間に、登場人物たち

はキリスト教、アニミズム、生と死、輪廻転生などのテーマについて延々と議論を繰り広げる。そこには神学校を中退して以来の作者の内面的遍歴が反映していよう（この点については、作者の自伝 "Konvinka kamuflaĵo"（2014）と、それへの私の書評を参照されたい）。ただ、この作品は、基本的にはブルースの魂の覚醒のプロセスに焦点が当てられているので、住民のアニミズム信仰や彼らの社会のあり方については、「外から」見ることになって、具体性に欠け、美化されすぎているように思われる。

　とはいえ、この作品は、まず野放図な惨事便乗型資本主義に対する批判の書であり、また、主人公たちが苦難を経て愛を実らせるラブストーリーであり、さらには宗教的なテーマなどについて延々と議論が続く、いわば議論小説でもある。そうしたいくつかの要素が巧みに織りなされていて、読者は大いに楽しめることだろう。

（La Movado 2017年2月号）

"Dio ne havas eklezion"

ソ連崩壊のただなかで愛を実らせる

Trevor Steele
"Amo inter ruinoj"

Flandra Esperanto-Ligo, 2016, 230p

　この作品の主人公トラヴィスは28歳になるオーストラリア人のエスペランティスト。離婚による精神的危機から脱出するため、1990年にソ連へ行くことを決心する。当初、エスペラントによる文通で親しくなった女性の住むウクライナのキエフで英語の教師として働くが、彼女とはうまくいかず、やがてエストニアに移る。そこで4歳ほど年下のヴィルヴェに出会い、好意を抱く。彼女はインツーリストでガイドを務めるかたわら、タリン放送でも働いており、聡明で勝気、しかも美しい女性である。恋人が殺されるという衝撃を経て、こちらも次第にトラヴィスに愛を抱くようになり、やがて二人は結ばれる。

　と書くと、何だかお決まりの恋愛小説のように思えるかもしれない。もちろん、練達の作者のことであるから、恋愛小説としてもよくできている。二人の会話は気が利いているし、お互いに相手に思いを寄せながら、なかなか打ち明けることができないというのも恋愛小説の常道だろう。ふたりが出会うのはようやく小説の半ばごろになってからである。そこに至るまで、ふたりがそれと知らぬまま次第に接近していくプロセスを作者は丁寧に描き出す。

　同時に、ソ連の危機的状況についても作者は詳しく書き込んでいる。当時、ゴルバチョフは改革派と守旧派との板挟みにあって改革は停滞していた。ふたりが結ばれようとしていた1991年8月19日、ついに守旧派によるクーデタが発生し、首謀者である国家非常事態委員会の面々による記者会見の様子がテレビで中継される。石のように堅苦しく、無表情の男たち。国家のために何をすべ

きか知っているのはわれわれだ、国民はわれわれの言うことを聞いていればよい、と言わんばかりの傲岸不遜な記者会見だ。ヴィルヴェの母親は「彼らは権力を持っている。そのことだけが彼らには重要なのよ」と感想を述べる。これに対してロシア共和国大統領エリツィンを中心とする反対派が立ち上がり、クーデタは数日であっけなく失敗する。クーデタ発生直後、ふたりはタリンからモスクワへ行き、市内を見てまわる。そのあたりの描写を読んでいると、四半世紀前にテレビや新聞、雑誌の報道にかじりついて見聞きした出来事が蘇り、ソ連の崩壊は私にとってはまさに同時代体験だったのだと改めて思う。

　その他、作者は当時のウクライナ、エストニアなどソ連が直面していた問題や歴史の暗部についても触れている。例えば、登場人物たちは、ソ連の中央集権的計画経済が引き起こし、各国の独立運動のきっかけともなった環境汚染の問題について議論する。また、トラヴィスは、ユダヤ人の友人とともにキエフのバビ・ヤールの谷を訪れる。第二次世界大戦中にナチス・ドイツの親衛隊とウクライナ警察によって多数のユダヤ人が虐殺された場所である。

　この作品ではエスペラントが大きな役割を果たしている。ふたりが結ばれたのはエスペラントを通じてであった。それだけではない。ヴィルヴェはエスペランティストとして、ナショナリズムの昂進を醒めた眼で見ている。彼女の母親は、エストニアの独立を主張する政党のリーダーで、シベリア流刑にも屈しない強固なナショナリストであり、1940年のエストニアのソ連への編入以後の歴史を占領とみなして、ソ連からの独立、ロシア人の排除を唱える。その母に対して、ヴィルヴェはエスペランティストの立場から、それをスターリンのモデルにならったショーヴィニズムだと批判し、母にショックを与えたりもする。

　この作品には作者の自伝的要素が盛り込まれている。作品のも

"Amo inter ruinoj"

とになった体験を回想した "Falantaj muroj kaj aliaj rakontoj" (1997) や自伝 "Konvinka kamuflaĵo"（2014）を併読すれば一層面白いだろう。ただし、作者（1940年生まれ）がソ連に住んでいたのは、すでに中年に達した時期であった（主人公同様、離婚後の危機のさなかではあったが）。この作品は、青年時代の自分を当時の状況のなかに置いて、美しい女性と出会わせた、という趣がある。また作者同様、トラヴィスは外国人であって当事者ではなく、いわば傍観者、観察者である。やや意地悪にいえば、外国人がたまたまソ連の崩壊という歴史的大事件に遭遇し、美しい伴侶を得て帰還する冒険譚といえないこともない（ただし、そんなに危険な目にあうことはないが）。

　文体はきわめて平易でよどみなく、エンタテインメントとしてもよくできていて、大いに楽しめる。ただし、ソ連の崩壊前夜、各地で民族主義運動が活発化し、リトアニアでは衝突事件も生じたが、戦争によって解体したわけではないので、"Amo inter ruinoj" というタイトルに込められた意味がいまひとつよくわからない。また、戦闘や兵士の死を暗示するような表紙も作品の内容には全くそぐわない。

（La Movado 2017年12月号）

　（追記）

　版元の Flandra Esperanto-Ligo のサイトにある Retbutiko には大量の書評が掲載されているが、本書についても極めて対照的な評価を下している二つの書評が掲載されている。いずれも最初に "Monato" に掲載され、のちにネット上に転載されたものである。

　"Amo povas ĉion" と題する Carlo Minnaja の書評は、本書を senriproĉa verko だとして絶賛している。他方、Stanislavo Belov は、本書におけるソ連・ロシア認識についても、作品としての完成度についても、ほとんど全面否定というに近い厳しい評価を下して

いて、"Bela fabelo pri enigma lando" というタイトルからして皮肉が感じられる。これに対する作者自身の反論も掲載されている。どちらが自分の感想により近いか、まずは作品そのものを読んでから二つの書評を読み比べてみるのも面白い。

"Amo inter ruinoj"

スパイが見たエスペラント運動

Éva Tófalvi & *Oldřich Kníchal*

"Kiuj semas plorante..."

Universala Esperanto-Asocio, 1984, 106p

　いま、河島英昭ほか訳『イタリア抵抗運動の遺書』（冨山房百科文庫、1983）という本を読んでいる。その解題で河島は、あの『きけわだつみのこえ』は、体制の犠牲者の声ではあっても、イタリアのパルチザンとは異なり、レジスタンスの記録ではないと指摘している。いわれてみれば当たり前のことかもしれない。われわれは、彼らが「犠牲者」であったという点を強調する余り、その銃口がどちらに向けられていたかをつい失念してしまう。訳者は別の場所で、『わだつみ』はファシストの書簡集である、とも言っている。

　ところで、まさに文字どおりそのファシストの視点を通して、この時代の状況に取り組んだのが、すでに評価の高い "Kiuj semas plorante..." である。これは、1930年代のチェコスロヴァキアを舞台に、政治に翻弄されるエスペラント運動とエスペランティストたちのありさまを、非合法のファシスト政党の命令によって運動に潜入したスパイの視点からえがいた異色の小説である。作者の Éva Tófalvi はハンガリー人、その夫の Oldřich Kníchal はスロヴァキア人である。

　当時、危機がエスペラント運動の内と外の双方から運動を襲おうとしていた。スペイン内戦が勃発し、国際旅団に加わって戦おうとするエスペランティストがいる。エスペラント発表50周年を記念するワルシャワの世界大会に参加しようとする者がいるが、官憲によって阻まれる。あるエスペランティストは、1936年8月、スペイン内戦の開始直後に反乱軍側に殺害されたガルシア・ロル

カの訳詩集を刊行しようとしている。ドイツでは、エスペラント運動がボルマンやヒムラーの名において「自発的解散」を命じられる。一方、運動の内部でも、SAT (Sennacieca Asocio Tutmonda) を支持する者が中立運動をプチブル的であるとして非難したりする。そういった歴史的状況との密接な関わりにおいて物語は進み、1938年のドイツによるオーストリア併合をもって終わる。

　主人公がもくろむのは、より高い社会的地位への上昇であり、権力への志向である。彼のファシズムへの接近も、そうした欲望をみたしてくれると思われたからこそであって、何もファシズムの思想に共感してのことではない。彼の具体的な政治意識はほとんどそれとしてえがかれることはない。彼がそうなったのは、彼が寄るべなき孤児として育ったことへの補償であると解される。それは、malsukcesinta pastro としての生い立ちを回想した前半の部分で示されている。ただし、主人公の個人史の特異性にのみ原因を帰すべきではなかろう。そのような人間のタイプを産み出したのは、やはり政治そのものなのである。

　本書は、危機の時代における人間の生き方、また、エスペラント運動のありようをえがいて、フィクションながら示唆に富む。ファシズムとの闘争に関しては、エスペラントでもすでに多くの本が書かれているが、それらとあわせて読むに値する作品であると考える。

（La Movado 1986年4月号）

"Kiuj semas plorante...."

碩学の第一エッセイ集

Gaston Waringhien
"Beletro, sed ne el katedro"

Flandra Esperanto-Ligo, 1987, 263p

　本書は、西欧文学やエスペラント文学に関するエッセイを中心に
まとめられたエッセイ集であり、われわれは、いわばフランス料
理を味わうように、その豊かで複雑微妙な味わいを、しかも書名
どおりのくつろいだ雰囲気のなかで楽しむことができる。その楽
しみは、このごろ流行のエスニック料理を食べてみて感じる未知
の刺激とはまた別種のものである。ついでにいえば、本書が書か
れた時点では、まだアジアや第三世界の文学はその固有性におい
ては視野に入っていない。また、著者の好みはどちらかといえば
古風であって、西欧とはいっても同時代の文学について触れるとこ
ろもあまりない。もっとも、それだけにかえって本書は全体として
美しく緊密なまとまりをなしているともいえようか。

　あだしごとはさておき、まず書誌的なことがらを記しておく
と、本書は1956年に "Eseoj 1-Beletro" のタイトルで刊行された著
者の処女エッセイ集であるが、長らく絶版で入手しがたくなって
いた。それがほぼ30年ぶりに再刊されたもので、遅れてきた読者
としてはありがたいことである。

　収録された長短さまざまの22編の文章のテーマは多岐にわた
り、エスペラント（とりわけ文学について）を正面から論じたも
のもあるが、直接にはエスペラントには言及していないエッセイも
多い（もちろん、エスペラントによってこれだけ洗練されたエッセ
イを物すること自体、エスペラント文学に対する大いなる貢献で
あることはいうまでもない）。前者に属するものには、例えば
「エスペランティストのシルエット」に収められた何編かの人物

論、「エスペラントと比較文学」「聖書　預言者たちとエスペラント」その他、翻訳や詩について論じたものがあり、後者には、例えば「ある貴婦人とその詩人たち」「エスプリとユーモア」「探偵小説」などがある。「ハムレット」や「地獄—ダンテを読んで」といった定評のあるエスペラント訳をもつ古典について論じたものもある。

　以上にあげたタイトルだけからでも、著者においてエスペラントがすぐれてヨーロッパの知的伝統と深く結びついたものであることが了解されるであろう。もちろん私などが正面から論評できるはずもない（さきに、本書を「楽しむことができる」などと僭越にも書いたけれど、本当はそのためだけにも相当の教養が要求されるのだ）ので、以下では、素朴な読者として、印象に残ったいくつかのエッセイについてのみ、簡単な紹介と印象を記すことにしたい。

　私にとって、ことに面白かったのは、efemera beleco の観念をめぐって、西欧の詩を渉猟した「ひとつの国際文学のテーマ」のような、あるテーマにそって次から次へと詩の饗宴を繰り広げてゆくエッセイであった。これ以外にも、「接吻」だとか「ある貴婦人とその詩人たち」「詩人たちの動物アルバム」などがこの系列に属するのであるが、そこでは次々に引用される詩があたかもシンフォニーのように美しく豊かな世界をつくりだしていて、陶然とさせられるのである。著者は、詩、とりわけ定型詩が好きで、この好みは nekuraceble なのだと告白している（p.148）が、著者の文学的感受性が、これらのエッセイの楽しげな筆致にはよくあらわれているように思われる。著者は自らアマチュアであるといっているが (p.24)、そのような自己規定はむしろ、性急な問題意識や新しさといったものによって文学を評価するのとは異った文学の享受の仕方のありうることを、積極的に示唆しているかの如くである。

"Beletro, sed ne el katedro"

33

著者の関心は、いわゆるエンターテインメントのジャンルにも及んでいる。本書には探偵小説に関するふたつのエッセイが収録されていて、いまだに古風な本格推理小説が好きな私には面白かった。このうち、最初のエッセイは、いわば文学的観点からする探偵小説へのやや性急な批判である。それが、20年ほど後に執筆されたもうひとつのエッセイでは、探偵小説が市民社会の成熟したイギリスにおいて発達したと指摘し、探偵小説をその成熟度のいわばメルクマールであるとして、視点の深まりをみせている。「娯楽としての殺人」（ハワード・ヘイクラフト）に関する考察として興味深い。

　ところで、文学についてエスペラントで文章を、それも読むに価する文章を物することは、それだけでじゅうぶん有意義なことではあるが、著者はさらにエスペラントによる比較文学の可能性について言及し（p.125）、エスペラントが生きた言語になるための翻訳の重要性を強調し（p.50）、さらに、翻訳にあたってのいくつかの具体的なアドバイスを、例をあげつつ行っている（"Eterna Bukedo"）。これらは、自ら多くのすぐれた翻訳をなしとげた翻訳者の、いわば「現場」をかいまみるような思いをいだかせる印象的な考察である。

　以上とやや趣を異にするが、「エスペランティストたちのシルエット」にまとめられた、エスペランティストを論じたいくつかエッセイも、短いものながら、よくそれぞれの人となりを伝えて印象に残る。ここでは二つだけあげておく。

　「エウゲーノ・ランティ」は "Leteroj de E. Lanti"（1940）の前書きに加筆したものである。読んでいて、国家について真正面から取り組んだ現代のディオゲネス、世界を遍歴するオデュッセウスにたとえられているランティと、すぐれて書斎人であり、「もの静かで、家に引きこもりがちな人間」（p.202）であると自称している

著者との関係はどのようなものであったのか、改めて関心を呼び起こされた（"Li kaj Ni"の年譜には、著者は戦前、フランス社会党員であった、とあるが、その伝記的事実の詳細を筆者は知らない）。

　「ヘルミ・ドレーゼン」では、彼女がドイツ軍によって殺されたことに言及している。このエッセイでは、彼女に死なれた痛恨の思いとナチスの蛮行への怒りとが語られていて、私の印象に深く残った。その他にも、著者自身の収容所体験（p.45）や軍隊体験（p.219）に触れているところもあって、その意味では、一見書斎に引きこもって現代とは関わりのない文学について書いているように見えても、実は時代の激動は本書のあちこちに刻印されているのである。

　最後に気になった点をふたつ。第１に、著者は他の本についてその誤植の多さを指摘しているが（『アンデルセン童話集—誤植のデーモン』）、本書自体もこのデーモンの魔力から免れることはできていない。第２に、収録されている各エッセイの初出誌紙名、時期が必ずしも明記されていないのは片手落ちではなかろうか。

（La Revuo Orienta 1988年７月号）

"Beletro, sed ne el katedro"

権力と人間

Sándor Szatmári
"Perfekta Civitano"

Hungara Esperanto-Asocio, 1988, 456p

　あの大傑作『カゾヒニア旅行記』（"Vojaĝo al Kazohinio"）の作家サトマーリ（1897～1974）はまた短編をもよくした。本書は彼の全短編集であり、27編の小説が収録されている。既刊の "Maŝin-mondo" と "Kain kaj Abel" のいわば合冊である。

　一面的であることを承知のうえでいえば、作者は、権力との関わりにおける人間の生き方について強い関心を持っていたのではないかと私は思う。それを様々な時代や人物を背景にしながら追究しているように思われる。

　例えば "Vincenzo" という作品がある。登場人物のひとりは、体制派知識人で枢機卿にまで栄達するヴィンチェンツォである。もうひとりは、その弟であるあのガリレオであって、自己の学説に固執して迫害される。物語は、ガリレオの手記という体裁をとって、両者の生き方を交錯させつつ、かつ、宗教と学問との関わりについての両者の息づまるような議論を展開させつつ、進行する。改革派の人物がみずから教皇の地位につくや、権力を維持するために、かつての同志たちを切り捨てたりもする。オポチュニストであるヴィンチェンツォは、いかにも官僚らしくよく目のみえる聡明な人間ではあったが、歴史はもちろん「ナイーヴ」なガリレオの正しさを証明したのである。なお、この作品は、はじめハンガリー語で書かれ、それをカロチャイがエスペラントに訳した。私がこの作品集で最も愛する作品である。

　あるいは、古代ローマを舞台にした "Logos"。これは、いわば引かれ者の小唄であって、具体的にいうと読む人の興味を半減させる

から遠慮するが、オチの黒い笑いがなかなか痛烈である。いくら知識人が Logos といい Nous といっても、むきだしの暴力の前には何ものでもない。

　反ユートピアの暗たんたる未来世界をえがく "Honorigo" という作品もある。これは、オーウェル『1984年』、ハクスレー『すばらしい新世界』、ザミャーチン『われら』などを彷彿とさせる SF 風の作品である。

　これらの作品で作者が権力と人間というテーマを追究していることの背景には、作者の同時代の状況との緊張がうかがわれるような気がする。つまり、具体的にいえばハンガリーにおける政治状況、ことにスターリン主義の問題である。例えば、ヴィンチェンツォとガリレオとの対立によって、作者は実は、社会主義官僚制による人民の抑圧というまさに目前の現実を批判しようとしたのではないだろうか。

　どうも固い話になってしまった。しかし、そんな作品ばかりではない。"Du maksimoj" "Feliĉa Amo" "Tria Preĝo de Pygmalion" などは、男と女の間をめぐる肩のこらない軽妙なコント風の小説である。とはいえ、一見軽妙なこれらの作品にも、mizogino としての作者のシニシズムが見え隠れしてはいるのであるが。

　誤植はかなりある。ページが入れ替わっていたりする。glosaro もあったほうがよい。何の注釈もなしにラテン語が頻出したりするから。

（La Movado 1990年 8 月号）

"Perfekta Civitano"

1920年代のモスクワとベルリン

Vladimir Varankin
"Metropoliteno"

Progreso, 1992, 245p

　無数の人々がそのために情熱と、ときには生命までもささげた社会主義は、今や完全に過去の存在にすぎなくなった。この事実を前にしつつ、ヴァランキン（1902〜1938）の小説 "Metropoliteno" を読むことは苦痛と、いささかの徒労感を伴わないではすまない。われわれは、彼が粛清のただなかで殺されたことを知っている。のみならず、数年前には、彼がその未来を信じた社会主義が終焉し、歴史のゴミ箱のなかに投げ捨てられるのを目のあたりにしたのである。それはそのとおりではあるが、しかし、そうであればこそ、せめて救われない彼を少しでも供養してやりたいものだと思い、この一文を草することとした次第である（以下、引用ページは、後述の Progreso 版による）。

　もっとも、この小説は、複雑多岐な、重層的な作品であって、読みこなすには大変な労力と知識が必要である。何よりもまず、細部まで読み込むことが必要である。それができていないから、私にはまだこの小説の全体がよく見えたという感じがしない。従って、本稿は、本格的な検討のための、ほんの小さなメモといったものである。

　まず、この小説を一読してそこここに感じるのは、同時代の熱気とでもいうべきものである。この作品は、1928年から1929年ごろのモスクワとベルリンが舞台になっている。この後、ソ連では10年を経ずして、スターリンが独裁体制を確立するであろう。ドイツでも、数年後にはヒトラーが権力を握るであろう。そうした将来への予感をはらみつつ、しかし、まだ革命の熱気も残っている。

ベルリンではバリケードが築かれたりする。ロシア革命からまだわずか10年ほど後の、これは物語なのである。

　主人公の妻はモスクワの劣悪な住環境のなかで、家事と育児に追われ、ノイローゼ気味で夫婦仲も冷えている（夫婦喧嘩のシーンは身につまされるところもあるが、あまり書くのはよそう）。主人公は夫婦仲が好転しないまま、地下鉄の建設について調査するためベルリンに派遣される。そして、そこで若い女性活動家アリスと知り合って恋に落ちる。この小説は、そうした主人公の感情生活をひとつの軸としている。ラブシーンや暴行シーンもあったりする。今から見れば大したものではないが。

　と同時に、この小説では、驚くべき多様な社会的なテーマが扱われている。まず総体として社会主義建設の問題がある。とりわけタイトルからもうかがえるとおり、都市交通の改善は大きな問題である。ここで地下鉄はいわば社会主義建設の、ソ連の近代化への夢の象徴とでもいうべき存在なのであろう。レーニンが「共産主義とは、ソヴィエト権力と全国の電化である」と言ったとおりである。さらに、モスクワの住宅問題についても、その貧困ぶりが妻の口を通して指摘される。それから、早くもはびこる官僚主義や、官僚による物資の不正な取得、横流しなどの腐敗の問題（p.101）。自力更生か、他の資本主義諸国と連携して経済発展を行うべきかの選択の問題。ネップによる腐敗も示唆されている。つまり、当時の社会主義建設に伴う諸困難が全編にわたり、かなりあけすけに書いてあるという感じがする。

　ソ連共産党の党内闘争や当時の政治状況もえがかれている。トロツキーあるいはトロツキストという言葉が数箇所に出てくる（p.29, 53, 101, 134, 135, 138）。55ページで、十月革命を祝うデモの隊列を、とあるホテルのバルコニーから見下ろす謎めいた人物、「黒い髪をし、幅が狭く、先のとがった短いヒゲをした人

"Metropoliteno"

物」がチラッと登場する。バルコニーの手すりにはトロツキーの肖像が掲げられている。この謎めいた人物が誰であるかは明示されていない。1928年1月にアルマ・アタに追放される直前のトロツキーではあるまいが。このエピソードによって作者が何を語ろうとしたのか、当時のソヴィエトの政治、思想状況などに通じていない私にはよくわからない。作中で人をトロツキスト呼ばわりしているのは、官僚主義者として後に糾弾される者たちである。スターリンの名前は、気がついた限りでは一度だけ、それも否定的な文脈で言及されているだけである（p.29）。社会民主主義者、すなわち当時のいわゆる「社会ファシスト」たちが支配するヴァイマル・ドイツでの労働者の闘争もえがかれている。

さらに、主人公の妻は幼児の教育に関わることによって人間的に成長してゆく。そのプロセスを通して、女性の社会的自立、両性の平等の問題がえがかれている。それらの試練に立ち向かうなかで、頼りなげだった主人公（彼が非党員であるとされているのは象徴的である）は、次第にしっかりした人物、確信ある社会主義者（それが当時の期待される人間類型だったのだ）になってゆく。従って、この小説は一種の社会主義的教養小説といった趣もある。

本書は、小説としては、ストーリーの展開にご都合主義的なところが目立つように感じられる。偶然の出会いがやたらに多すぎるのである。人物の造型にも類型的なところが感じられる。例えば、官僚主義者が、実はかつての白衛軍に加わっていた人物であることが判明するとか（悪人はやっぱり悪人だ！）。しかし、同時代にあっては、決してそれはたんなる類型ではなく、それなりにリアリティがあったのであろう。

本書は、はじめ1933年にEKRELOから出版され、のち、1977年にTKから復刊され、さらに、1992年にロシアのProgresoから再刊された。ウィリアム・オールドが "la nica literatura revuo" の

終刊号（1962）に書評を書いている。作者は1938年に逮捕、銃殺され、1957年に名誉回復されたが、最新の資料により彼の生涯を語った本が、1990年にソ連（当時はまだソ連が存在していたのだ）のFeniksoから刊行されている (Nikolao Stepanov "La vivo kaj morto de Vladimir Varankin") 。

（センター通信 第178号 1994年11月）

　（追記）

　Progreso版と同年、やはりロシアのSezonojから、言語面での少なくない誤りを訂正した版が刊行されたとのことであるが、私は未見である。

　この作品については多数の論及がなされているが、ここでは、本書でも取り上げているEd Borsboomの "Kie miozotas memor'" が語るこの作品の刊行に至るエピソードを紹介しておこう。原稿は1932年に完成したものの、政権に対する批判が含まれており、また、エスペラントが疑わしい存在になっていたので、ソヴィエトでは刊行の見込みがなかった。そこで作者は、ライプツィヒでWalter Kampfradが設立してソヴィエト関係のエスペラント出版物を刊行していたEKRELO (Eldon-Kooperativo por Revolucia Esperanto-Literaturo) に原稿を送った。ところが彼はヒトラー政権により逮捕されてしまう。ただ、彼は逮捕直前に原稿をアムステルダムの同志たちに送っていたので、彼らの努力により本書はかろうじて刊行された。校正が不十分であったせいで大量の誤植があったものの、アムステルダムの同志たちのおかげで、この「最も重要なエスペラント小説のひとつ」は消滅から救われたのだ。Borsboomはそのように指摘している（p.145～147）。

"Metropoliteno"

ネメレがつむぐ珠玉の掌編たち

István Nemere

"Krokize de mia ĝardeno"

Kooperativo de Literatura Foiro, 1992, 58p

　作者のネメレは1944年生まれであり、この本に収録された作品の多くは中年男性の視点からえがかれている。私もきわめて平凡な人生ながら、40歳を過ぎておっさんになり、いささか疲れてきたし、残りの人生をどう過ごしたらよいのか考えたりもする。で、この本の登場人物たちの感慨も多少はわかるような気がするのである。

　本書は、19編の短編、あるいはむしろショートショート、掌編ともいうべき作品を収録したもので、そのなかにはＳＦ風あるいは寓話風のものもあるが、大半は日常のごくささやかな一コマをえがいたものである。裏表紙の内容紹介ではミニマリズムだとされている。私小説、心境小説の趣もないではない。比較するのが適当かどうかわからないが、最近、たまたま森内俊雄の短編小説集『桜桃』（新潮社）を読んだ。いずれも、読みながら救済ということを考えた。

　小説の内容を紹介するのも味気ないけれども、いくつか簡単に触れておこう。「ヒヨコ」という短編がある。道ばたで１羽のヒヨコがうずくまっているのを見つける。オスなので食用にされるために車で運ばれる途中にたまたま落ちたのである。それを拾って家に持って帰る。妻はそれを見て「アウシュヴィッツへ行く途中で救われたのね」という。鳥小屋に入れる。妻は「マタイ受難曲」を聴いている。夫婦のあいだで、世界中で多くの人が殺され、逮捕され、あるいは餓死していることが話題になる。３日目の朝、ヒヨコの姿が見えない。あの無力なヒヨコが、自らのクチバシで小

屋の壁の腐ったところをつついて逃げ出したのだ。散歩に出ると、白い羽根が落ちている。キツネが鳥を食べたらしい。それだけの、わずか4ページの、いわば身辺雑記ふうの話であるが、小さな1羽のヒヨコが世界の受難と救済とを暗示する。

　あるいは「庭」。父は生前、時間さえあれば庭に出て耕していたが、彼がなぜそれほどまでに庭仕事を好むのか理解できなかった。やがて自分も父親になり、庭が、大地が自分を呼んでいるのを感じるようになる。もうひとつ、「熱病」。やむにやまれぬ情熱に駆られて、あたかも巡礼のように放浪を続ける男の姿に、自由な人間を感じて、思わず涙ぐむ、という話である。いずれもわずか2ページの話である。こうやってあらすじだけ書くと、面白くもなんともないが、仕方ない。

　木立ちのなかの田舎家をえがいたセザンヌの絵が表紙を飾っている。大判の判型で活字もゆったりと組まれていて、この点でも中高年向きであろうか。

　ところで、いまさら語学の、作文や会話の「お勉強」はしたくない。本についても、エスペラントで書かれているからというだけで、あるいはエスペラントが論じられているからというだけで読む、というのは、マニアか研究者のすることである。それなりの教養と社会的な経験を持ち、しかも時間に追われている大人には、もっと別種の、開かれた本選びの基準があってもいいのではなかろうか。

　そんなことを考えながら、これから、読んで面白い本をさがしてみたいと思う。

（センター通信 第176号 1994年7月）

"Krokize de mia ĝardeno"

バギーの小説の同時代史的背景をさぐる

Julio Baghy
"Viktimoj"

Kvara eldono, Impeto, 1991, 207p

Julio Baghy
"Sur sanga tero"

Kvara eldono, Impeto, 1991, 249p

1 はじめに

　バギーは1915年に第一次世界大戦に徴兵され、同年、捕虜となり、シベリア各地で捕虜として暮らした。その体験をもとに、1925年に "Viktimoj"、1933年には "Sur sanga tero"、そして1937年に "La verda koro" をそれぞれ刊行した。この時期は、ロシア革命、内戦、シベリア出兵という大事件が相次ぐ、まさに激動の時代であった。これらの小説にはそうした同時代史的背景がどのように反映されているだろうか。その点について考えてみたい。

2 ロシア革命とシベリア出兵

　1917年3月にロシア革命が勃発し、ツァーリの支配体制が崩壊するが、同年11月には、さらに十月革命によりボリシェヴィキが政権を握る。シベリアでもあちこちの都市にソヴィエト政権ができるが、連合国は革命によって成立したソヴィエト政権を打倒するため、協同して軍事干渉にかかることになる。その一環となったのがシベリア出兵であり、まずはその経過を簡単に記してみたい。

　このシベリア出兵の直接のきっかけは、1918年5月のチェコスロヴァキア軍団の反乱だった。チェコスロヴァキア軍は、第一次世界大戦中、オーストリアの支配下にあってロシア軍と戦ったが、大戦中に多くはロシアに投降し、チェコスロヴァキア軍団として対ドイツ戦に使用されていた。その数は20万ないし25万人にものぼ

ったといわれている。

　軍団は、革命後も、チェコスロヴァキアの独立を達成するためドイツと戦おうとし、また連合軍も対ドイツ戦に利用しようとしていた。そこで軍団はヨーロッパ戦線へ移動するため、シベリア鉄道経由で東へ進み、ウラジオストクを目指していた。そこから連合軍の船舶で海路フランスへ行こうとしたのである。

　ところが、ソ連側は軍団が連合国の干渉政策に利用されることを恐れ、その移動中に武装解除を命じた。緊張が高まるなかで、5月14日、たまたまウラルのチェリャビンスク駅でハンガリー人戦争捕虜との衝突が起こる。それを機に、軍団のなかに台頭していた対ソ強硬論者が権力を掌握し、軍団が中心となり、各地の反ボリシェヴィキ勢力と結んで地方ソヴィエト政権に対する反乱を起こす。この結果、シベリア鉄道沿線に次々と反革命政権ができた。

　さらに、8月になると、日本とアメリカは軍団の救出を名目にシベリア、極東出兵を宣言した。これがシベリア出兵の始まりである。イギリス、フランスも派兵し、連合国は現地に成立した反革命勢力と協力して革命政権への干渉に乗り出した。シベリアでも、1918年11月にロシア帝国海軍提督であったコルチャークが連合国に支持されてクーデタを起こし、軍事独裁政権を樹立した。また、日本軍はコサック出身の軍人セミョーノフに武器と資金を提供し、彼はザバイカル州に反革命地方政権を作った。

　しかし、1919年になると次第に革命勢力が巻き返しに転じ、1920年1月にはコルチャーク軍も敗れ、連合国も封鎖解除を宣言する。1920年にはチェコスロヴァキア軍団の将兵たちも祖国へ帰還する。しかし、日本のみは居残り、結局、日本軍がウラジオストクから撤退したのは1922年の10月であった。なお、日本軍は北樺太（サハリン）も占領しており、そこから撤兵したのはさらに3年後の1925年であって、日本のシベリア出兵は、前後8年間にわ

"Viktimoj" / "Sur sanga tero"

45

たることになる。この間、戦費約10億円を費し、死者は3,500名を数え、ソ連や各国からも不信を買い、そのあげくなんら得るところなく、無残な失敗に終わった。

3 バギーの小説について

最初に述べたように、バギー自身が1915年から1920年まで、年齢にして24歳から29歳までのあいだ、捕虜となってシベリア各地で抑留されており、彼の小説にはその体験が反映されている。彼の母国、オーストリア・ハンガリー帝国は敗戦によって1918年に崩壊する。一方、ロシアに抑留されたオーストリア・ハンガリー軍将兵の捕虜は174万人にものぼったとされている。バギーの小説は、従って、ハンガリーという敗戦国の、それも戦争捕虜という立場からえがかれているわけで、フィクションではあるが、いわば底辺、周縁から、ロシア革命後の混乱と新しい秩序の形成が語られているのである。

さきに述べたように、当時のロシアにおける政治、社会情勢は混沌としており、シベリアでは革命側が政権を樹立したかと思うと反革命がそれを奪取するという繰り返しが続いていた。"Viktimoj"では、いったん成立した革命政権が崩壊し、かつての支配者が戻ってくるさまが恐怖をもってえがかれている。もちろん、戻ってくれば革命側に対する大弾圧が始まるのである。また、"Sursanga tero"では、とりわけ、反革命のコサックのカルムイコフ軍の退廃が如実に描き出されている。捕虜たちをきびしい冬の寒さのなかで裸にしたり、兵士、それも自軍の兵士を虐殺したり、といったエピソードが次から次へと登場する。

そして、そうした白軍の退廃、残虐と比べて、革命側に対する共感が見られる。捕虜は最も弱い立場に置かれ、それだけに、無事故郷へ戻りたいという思いや、その前提として平和を希求する気持ちには切実なものがあったと思われる。二月革命によって捕虜の

置かれていた状態は変わり、監視体制はゆるみ、市街地へ出かけたり、集会に出たりすることができるようになっていた。それでも、混沌とした政治状況と経済的な混乱のただなかで、きわめて不安定な立場に置かれていたことには変わりはない。

　このあたり、時代を下って、第二次世界大戦後のシベリアにおける抑留体験をつづった高杉一郎の『極光のかげに』などと比較してみるのも興味深いと思われる。ところで、日本は、シベリア出兵というかたちで、ソ連と深い関わり、それも誕生したばかりのソ連を倒そうとしたという否定的な関わりを持っていたことはさきに述べたとおりであるが、バギーの小説には日本のことは直接にはほとんど出てこない。

　ただ、わずかに "La verda koro" に日本人が登場してくる。それは大場嘉藤というエスペランティストの軍人であり、『日本エスペラント運動人名事典』によれば、ウラジオストクに寄港のさい、同地の捕虜収容所を訪ね、収容所内のオーストリア人、チェコ人、ハンガリー人などのエスペランティスト・グループと交流したとされている。その中にはバギーもいたという。まさにそういうエピソードがこの本で紹介されている。日本は侵略者であったが、こういうエピソードもあったのである。なお、シベリア出兵に日本人として従軍した体験を持つ黒島伝治という作家がおり、シベリア従軍体験に根差した優れた反戦文学とされる『渦巻ける鳥の群』という作品がある。宮本正男の手になるエスペラント訳が、"Siberio en neĝo" という題名でロムニブーソ社から刊行されている。

4 ハンガリーの状況について

　最後に、これらの小説では直接に描かれてはいないが、主人公たちが帰国した後のハンガリーの状況にも少し触れておきたい。"Sur sanga tero" の最後で、バギーは、1920年にブダペストに着いた主人公のバーディに「新しいシベリア」が待っている、と言

わせている。

　主人公がシベリアにいた1919年に、ハンガリーでも敗戦の混乱のなかで、ロシア革命の影響により革命が起きるが、わずか133日で崩壊している。それに引き続いて、ホルティ政権による弾圧、白色テロが加えられる。そうした政治状況と同時に、敗戦の混乱期における引揚者の生活は楽ではなかったであろう。そういう不安を予感させる幕切れである。

　バギーの小説は、以上のようなきわめてリアルな政治状況、苛酷な体験を踏まえ、それとの対決のうちにえがかれている。

　　　（参考文献）
原暉之『シベリア出兵』筑摩書房、1989
『ロシア・ソ連を知る事典』平凡社、1989
Marjorie Boulton "Poeto Fajrakora" Artur E. Iltis, 1983
　　　　　　　　（センター通信　第154号、1992年1月10日）

　　　（追記）
　本稿は1991年に名古屋のザメンホフ祭で行った報告をまとめたものである。ここでは一部修正を施した上で収録した。

　なお、本文中で言及した高杉一郎は、自身を「日本軍国主義のいけにえであったと同時に、スターリニズムのいけにえでもあった」もののひとりと規定して（『征きて還りし兵の記憶』p.4）、バギーの『いけにえたち』"Viktimoj"と『血ぬられた大地の上で』"Sur sanga tero"を「胸をつまらせながら読みふけったものだ」と記している（『ザメンホフの家族たち』p.218、『わたしのスターリン体験』p.216～220）。高杉がこれらの作品をいつ読んだかは記されていない。

　"Sur sanga tero"は、その後、邦訳が刊行された。相田弥生訳『流血の大地』（メーボ・リーブロイ、2002）。

兵士はシベリアで何を見たのか

Julio Baghy

"Migranta plumo"

Dua eldono: Dokumenta Esperanto-Centro kaj aliaj, 2018, 117p

　本書はハンガリーの著名なエスペランティストであるユリオ・バギー（1891〜1967）の没後50年を記念して再刊された作品集である。初版は1929年に刊行されているから、今回の第２版はほぼ90年ぶりの再刊ということになり、バギーの著作のなかではあまり目立たない存在だったのであろうと思われる。

　バギーは1915年１月に第一次世界大戦に徴兵され、同年９月に捕虜となり、シベリア各地の収容所を転々とした。過酷な環境のなかで、俳優として舞台に立ったり（彼の本業は俳優だった）、収容所でエスペラントを教えたりもした。

　彼がシベリアにあった1918年、オーストリア・ハンガリー帝国が解体し、民主主義政権が成立するが、ほどなくして崩壊し、これにかわって1919年にはベーラ・クンに率いられたハンガリー・ソヴィエト共和国が成立する。しかし、これもわずか133日で倒れ、その後はホルティによる独裁が長く続くことになる。

　バギーはそうした敗戦後の混乱のさなかの1920年末にやっと帰国する。そのときには妻と娘はすでに彼のもとを去っていた。健康も損なわれており、彼はそれから18か月を無職で過ごした。

　やはりハンガリーのカロチャイはバギーと同い年、ソロスは４歳年少で、彼らも青年時代にもろに戦争に巻き込まれ、過酷な体験をしたのち、かろうじて生還した。そして1922年10月、３人は"Literatura Mondo"誌を創刊して、戦争体験を踏まえて精力的に小説や詩を発表し、エスペラント文学の新たな地平を切り開いた。

さて、本書には短編小説、戯曲、詩が収録されている。初出誌や発表時期は明記されていないが、恐らくは帰国後の1920年代に執筆、発表されたのであろう。とりわけ小説は、読むほどに彼の個人史と同時代史が色濃く投影されていることが感じられる。以下3編ほどをかいつまんで紹介したい。

　巻頭の小説 "Feodor Nikolaeviĉ Felŝov" は、ハンガリー人の戦争捕虜を語り手とする一人称の小説である。彼は、わずか17歳で亡くなったロシア人の少年の葬儀に立ち会う。少年は彼が初めてエスペラントを教えたロシア人であった。少年がエスペラントに託した希望、その希望を受け継いでエスペラント運動に取り組む決意が語られて感動的であるが、いかにも若書きを思わせるそのあまりにもストレートな語り口に、私などはある種の息苦しさや違和感も覚える。

　巻末の小説 "Zumas la samovaro" も同じく、やはりロシアで捕虜になっている男性によって語られる。彼は夫と子供のいる女性から求愛される。3年も女性を抱いていなかった彼の心は揺れ動くが、故郷に残した妻や娘のことを思い、かろうじてそれを拒絶する。しかし、皮肉なことに、やっと帰国したとき、妻と娘は彼のもとを去っていて、なつかしいわが家で待っていたのは年老いた愛犬と深い孤独だけであった。

　ともに僅か2〜3ページの小品ながら、あたかも映画のワンシーンのように、具体的なエピソードが切り取られて読者に示され、印象的である。また、いずれも捕虜あるいは帰還者という、最底辺を余儀なくされた弱者の立場から描かれた、自伝的色彩の濃い作品であって、この2編が巻頭と巻末に置かれていることが本書の性格を示しているように思われる。

　他方、"Nigra kristnasko" はポグロムを背景とする小説である。クリスマスの夜、貧しいユダヤ人の幼い息子が結核のために死に

かけている。息子はクリスマスにはユダヤ人のよい子のところにもイエスが来てくれると信じて疑わない。父親は息子の願いをかなえるため、かつてポグロムに参加したクリスチャンの若者に懇願して、瀕死の息子の病室に招き入れ、息子は若者が携えてきた幼子イエスの像を見ながら満足して息絶える。痛切な感動を与える作品である。

　その他の作品にも簡単に触れておこう。"La ŝuflikisto" や "Sinjoro Melonkapo"では、上記の作品同様、作者の視線は貧しい者や小市民の生活に注がれている。"Fraŭlino Degel" や "Praktika instrumetodo" は、うって変わって、エスペラント運動への皮肉が利いた風刺的作品である。戯曲では、"Samumo"は砂漠を舞台にして愛の葛藤を描いた作品だが、いかにも古めかしい印象を受ける。"En maskobalo"はオペレッタ風の軽快なドラマである。

　なお、バギーは、その後も自らの捕虜体験について繰り返し語っている。詩集 "Preter la vivo"（1923）（その中でも特に冒頭の"Tra Siberio"という表題のもとにまとめられた23編の詩）や "Viktimoj"（1925）と "Sur sanga tero"（1933）という２編の名高い小説、あるいは "La verda koro"（1937）などである。また、本書所収の作品については、Marjorie Boulton が "Poeto fajrakora"（1983）で詳細に分析している。本書はクロアチアとポーランドの４社による共同出版である。

（La Movado 2019年２月号）

"Migranta plumo"

現代人ヨセフの物語

Valdemir Vinař
"La skandalo pro Jozefo"

KAVA-PECH, 2002, 88p

　本書は、旧約聖書（創世記）のいわゆるヨセフ物語に取材した作品である。ヨセフは兄弟たちによって奴隷として売り飛ばされるが、夢占いの才能を買われてエジプトでファラオの侍従長ポティファルに仕える。ところが、彼の妻からの誘惑を拒んだため、彼女に讒言されて投獄される羽目になる。創世記のこのエピソードを作者は現代的な小説に仕立て上げた。

　この作品は、はじめ1981年に Ĉeĥa Esperanto-Asocio から Panoramo シリーズの一冊として刊行され、1996年にイカイ ヨシカズ氏がこれを邦訳して『藪の中のヨセフ』を刊行した（シロアム書房）。その前年に来日した Petro Chrdle 氏が邦訳の完成を知って原作の復刊を志し、2002 年に本書を刊行した。創世記、本作品、『藪の中のヨセフ』、すなわち、古代の物語、その現代的な読み替え、日本語による再現という3冊のテキストを読み比べることは、かなり高級な楽しみである。

　本作品は、「スキャンダル」を目撃した女奴隷、ポティファル夫人、獄中のヨセフ、ポティファル、ヨセフを鞭打った古参兵士がそれぞれ独白するという仕掛けになっている。彼らの独白が交錯し、各人の思惑や利害が浮かび上がってくる。そうした語りをつうじて、創世記の予定調和的な物語が解体されていく。

　語りの内容も、きわめてモダンである。ヨセフは夫人の肉体に引かれ、何やら性的な夢を見る。水中でタコの足にからまれるが、それはやがて女性の足にかわる。「リビドー」という言葉を口走ったりする。夫人も、夫に相手にされず、倦怠と性的欲求不満

52

に苛まれ、ヨセフに言い寄る。しかし、ヨセフの未経験もあって不倫は不首尾に終わる。こうして作者は古代の物語を現代的に読み替えて、濃密な人間のドラマを作り上げている（男女の心理自体には古代も現代もないのかもしれないが）。

創世記では、エジプトの宰相に栄達したヨセフが、兄弟たちに語りかける。自分が売られたのは、ユダヤの民がエジプトに来られるようにするための神のはからいだったのだ、と。こうして物語は神の企図へと回収される。しかし、この作品はそのような大団円にたどり着くことなく、物語は唐突に中断されて終わる。

作中人物のうち、ヨセフのみは神と向き合っている。彼は獄中で、過酷な扱いに耐えかねて反乱を起こした奴隷が残酷に処刑されるのを見て神に訴える。民衆が苦難にあえいでいるのに、なぜあなたは沈黙しているのか、と。そうした点では、この物語の根底をなすのは、個人が絶対者に直面する私たちとはきわめて異質な世界である。あるいは、過酷な時代を生き抜いた作者ヴィナシュ（1918〜1981）がヨセフに仮託して語っているのかもしれない。

昨年［2002 年］の夏にチェコを襲った大洪水のため、本書の版元は大きな被害を受け、本書も水に漬かった。しかし幸い義援金により何冊かの本が増刷された。本書もそのうちの 1 冊で、第 2 版ではそうした経緯が追加されているとのことである。

（La Revuo Orienta 2003 年 3 月号）

"La skandalo pro Jozefo"

タジキスタンで成長してゆく少女

Lena Karpunina
"La bato"

Impeto, 2006, 158p

Lena Karpunina
"Neokazinta amo"

Flandra Esperanto-Ligo, 2007, 149p

　Lena Karpunina は、1963年にロシア南西部の都市カルーガで生まれたロシア人で、幼いころ両親とともに中央アジアのタジキスタンに移住し、首都ドゥシャンベで育った。1993年にドイツに移住し、夫でエスペランティストの Gerd Bussing とともにベルリンに住んでいたが、2013年に50歳で他界し、あとに2冊の短編小説集が残された。

　1冊目は、"La bato" である。2000年に Flandra Esperanto-Ligo から刊行されたが、2006年には、さらに3編を増補してモスクワの Impeto から刊行された。私が読んだのは、この第2版である。われわれには馴染みのない中央アジアで成長してゆく少女を主人公にした作品など18編が収録されている。両親との葛藤を抱える少女や、善良であったりエキセントリックであったりする多彩な人物が登場するが、物語には本人の自伝的要素が色濃く投影されている。

　2冊目の "Neokazinta amo" は、翌2007年に FEL から刊行された。本書も短編小説集で、15編の短編が収録されている。とりわけ1940年代のシベリアの強制収容所を舞台にした作品が6編収録されており、うち3編は、"La bato" 第2版で増補された作品と重複しているが、一層の彫琢のあとがうかがえる。

　タジキスタンはソ連を構成する一共和国であったが、ソ連の崩壊に伴い1991年に独立した。その翌年には内戦が勃発し、1997年の終結までに5万人以上が犠牲になった。この間、ロシア人の出

国が相次ぎ，全人口に占めるロシア人の割合は、1959 年には 13.3
パーセント、ソ連の崩壊直前の1989 年には7.6 パーセントだった
のが、2010 年には0.5 パーセントにまで激減した。そうした状況
下で、彼女は体制の崩壊と混乱、それに伴う危険を身をもって体験
したものと思われる。自身は1993 年にドイツに移住したが、内戦
のさなかに発生した虐殺を扱った作品も書いている（“Mortpafitaj
pomoj” が 1 冊目に、“La feliĉo” が 2 冊目に収録されている）。ま
た、彼女はタジキスタンとドイツという異なった文化世界に身を置
いたが、どちらでもマイノリティに属していたのであろう。恐らく
そのせいもあったと思われるが、少女や囚人など弱者の目に映じ
た社会の不条理が描かれている作品が多い。

　エスペラントを学んだのはソ連崩壊の直前の1988年である。創
作のきっかけについて彼女は、1996 年の世界エスペラント大会
(プラハで開催) で、文芸コンクールに入賞した作品が朗読されるの
を聞いて、自分も応募してみようと思ったからだ、と語っている。
そこからしても、大部分の作品はドイツで故郷のことや先行世代の
苦難を思いつつ執筆されたのであろう。それ以後、彼女は文芸コ
ンクールの常連となり、この 2 冊に収録された短編のいくつかは、
その入賞作である。

　以下では特にスターリン時代末期のシベリアの強制収容所を舞
台とする一連の作品について書いてみたい。それらはおおむね一人
称で語られているが、無論、1963 年生まれの彼女に直接シベリア
体験があるわけではない。が、父親をはじめ年長の世代には、戦
争に駆り出されたり、シベリア送りになったりした人間があふれ
ていた。彼らから聞いたエピソードを踏まえて、これらの作品を
執筆したのだと彼女は語っている。

　囚人たちは収容所の過酷な毎日に耐えかねて逃亡を企てるが、
ほとんど失敗して追手に銃殺される。一緒に脱獄した仲間がオオ
ヤマネコに襲われて死に、再び収容所に連れ戻される男がいる
(“La linko”) 。1953 年にスターリンが死んだというニュースを囚

人たちが知って、この暴君の死に狂喜乱舞するという話もある（"Tiu tago"）。スターリンの死に伴う恩赦により釈放された後、シベリアから仕事を求めて南ロシアのスタヴローポリまで流れ続ける元囚人の話もある（"La cigano kaj la pereo de la 'Titanik'"）。これらの作品では、1年のうち8～10か月も雪に閉ざされ、寒さと飢えと死に苛まれるシベリアの刑務所での過酷な生活が描かれているが、その雰囲気は必ずしも暗鬱ではなく、むしろときに明るささえ感じられる。

　ミルトという囚人のファンタスティックな逃亡譚（"Mirt"）はとりわけ印象に残った。看守が囚人たちと一緒に焚火にあたりながら、ミルトの思い出を問わず語りに話し出す（このあたりは、チェーホフの短編小説でも読んでいるような趣がある）。彼はフィンランド人でスキーの名手であったが、追手の見ている前で、シベリアの山々を軽々と飛翔しつつ逃亡してゆく。彼の行く手には死が待っているかもしれないが、それでも一瞬の自由、より尊厳のある生を求めて逃亡するのである。"La persekuto"にも自由を希求する囚人の姿が描かれている "La cigano …" は2冊目に、"La persekuto" は1冊目に収録、それ以外の3編は両方に収録されている。

　収録された作品は必ずしも完成度の高いものばかりではない。どう見ても習作としか言えない作品もある。厳しい現実を描きながら、リアリティに欠けるという批判もあり得よう。また、あまりにも感情表現が直截すぎて興ざめする作品もある。とはいえ、大部分の作品は心にしみる佳作である。2冊の本に未収録の作品もあるとはいえ、もう彼女の新作を読むことはできない。もし存命であれば、いっそう成熟した作品世界を創り上げることもできただろうにと思うと、早世が惜しまれる。

（La Movado 2016年3月号）

笑いをとおして浮かび上がる時代の危機

Izrael Lejzerowicz

"El la "Verda Biblio""

Libro-Mondo kaj Grafokom, 2014, 63p

　「初めに、形のない神秘はヴォラピュックを創造された。ヴォラピュックは形がなく、混沌としていて、闇がその内にあった。そして、形のない神秘は言われた。『光あれ』。こうして、エスペラントがあった。聖霊はエスペラントを見て、良しとされた。聖霊はエスペラントとヴォラピュックを分け、エスペラントを永遠の昼と呼び、ヴォラピュックを夜と呼ばれた。夕べがあり、朝があった。第一の日である」

　これは、イズラエル・レイゼロヴィッチ（1901～1942）の『「緑の聖書」から』の冒頭の一節である。この文章が旧約聖書の創世記冒頭にある世界創造のくだりのパロディであることは言うまでもない。本書には旧約聖書のそうした有名な物語を踏まえて、同時代のエスペラント界を風刺した愉快なお話が次々に登場して興味が尽きない。登場人物の名前も、Bofrunt は Beaufront の、Junio Pagi は Julio Baghy の、Andreo Apud は Andreo Cseh のもじりである。

　その Andreo Apud が1931年にクラクフ（ポーランド）で開かれた第23回世界エスペラント大会で聴衆に向かって、あなたたちは ruĝaj katoj かと問いかけた。聴衆は、いいえ私たちは verdaj azenoj です、と答えた。このお話には、善良なエスペランティストたちに対する愛情と皮肉が感じられる。このくだりは、Raymond Schwartz の Verda Kato や "Verdkata testamento"（1926）を踏まえているのであろう。

　同時代のエスペランティストは本書を一読して作者の意図をすぐ

に察し、抱腹絶倒したのであろう。しかし、初版刊行（1935年）からすでに80年以上が経過している。旧約聖書と戦間期のエスペラント運動、同時代史に通じていないわれわれにはピンとこない箇所も多いが、物語の背景をあれこれ調べたり、推理をめぐらしたりするのも読書の楽しみである。

　ところで、読み進めていくにつれて、同時代のエスペラント運動に対する風刺にとどまらず、現状への批判の度合いが強まっていくように思われ、次第に笑えなくなってくる。それは当時の世界情勢、とりわけドイツでナチスが勢力を拡大し、ついには1933年1月にヒトラーが政権を掌握したという事実に関わっている。例えば、jubilea jaro にケルンで善良なエスペランティストたちが悪魔にそそのかされて焚書しようとするお話が語られている。これはアブラハムがイサクを神にささげる旧約聖書の物語のパロディであろうが、同年5月にドイツ各地で行われた焚書に対する批判であることは明らかである。と同時に、1933年7月にケルンで開かれた第25回世界大会で、ハーケンクロイツを背景にホルスト・ヴェッセルの歌（ナチス党の党歌）がオルガン演奏された事実も重ね合わされていよう。

　『「緑の聖書」から』に加えて、"Babiladoj kun Horaĉo Serĉer" というタイトルのもとに収録されている4編の短編に至っては、主人公の Serĉer の思い詰めたような、いらだたしげな行為と思考は、もはや現状への告発そのものであると感じられる。なお、本書には収録されていないが、雑誌 "Literatura Mondo" 1933年5月号に掲載された "Sangaj ludoj" は、まさに焚書そのものを正面から取り上げ、批判を加えている。そして、文化を破壊する蛮行に対して正面から向き合おうとしない中立的エスペラント運動をも批判している。そこには作者の鋭い危機意識が見てとれる。

　作者は、ポーランドのウッチ生まれのユダヤ人で、戦間期のエ

スペラント運動で大きな役割を果たしたが、1939年のドイツ軍の
ポーランド侵入、第二次世界大戦の勃発後、ワルシャワに移り、
ワルシャワ・ゲットーの劣悪な環境で過ごし、やがて捕えられてト
レブリンカ強制収容所で妻や娘ともども殺された。その生涯は本
書の巻末の編者あとがきで詳しく語られている。しかし、作者は亡
くなっても、その批判精神は本書に刻印されていて、野蛮と蒙昧が
支配する限り、何度でもよみがえる。

　本書は、はじめ Literatura Mondo から刊行されたが、のち、2
度にわたり再刊され、ここで取り上げたのは2014年刊行の第4版
である。Libromondo（ポーランド）と Grafokom（クロアチア）
との共同出版である。なお、本書にはポーランドの俳優でエスペ
ランティストであった Jerzy Fornal による荘重かつ表情豊かな朗
読のCD（冒頭の6章のみ）がついていて楽しめる。朗読は
Varsovia Vento のサイトでも聴くことができる。

（La Movado 2017年8月号）

　（追記）

　第25回世界大会でホルスト・ヴェッセルの歌がオルガン演奏さ
れたことは、Ziko Marcus Sikosek "Sed homoj kun homoj" (Uni-
versala Esperanto-Asocio, 2005) に言及がある（p.146）。

　また、同大会会場にハーケンクロイツの旗が掲げられていたこと
を伝える写真が Ivo Lapenna（ĉefred.）"Esperanto en perspekti-
vo"（Universala Esperanto-Asocio, 1974）に掲載されている
(p.704)。

コラム 表紙の謎

Izrael Lejzerowicz "El la "Verda Biblio""

　本文はもちろんながら、表紙や挿絵からも、その書物が発行
された時代の相を読み取ることができる場合がある。ここで
取り上げたいのは、Izrael Lejzerowicz の "El la "Verda
Biblio""。本書の第1版は1935年にハンガリーの Literatura
Mondo から刊行され、第2版は1978年にハンガリー・エスペ
ラント協会から刊行された。下の写真の左が第1版の、右が第
2版の表紙である。

　左の表紙では、緑の星（緑かどうかはわからないが）の衣装
をつけた5人の人物が手をつないで踊っているところへ、ハト
がオリーブの枝をくわえて降下しようとしている。ハトもオリ
ーブも平和のシンボルなので、エスペラントにいかにもふさわ
しい図柄といえるだろう。ところが、よく見ると、その踊りは
手足がこんがらがって、あまり調和がとれていないようであ
る。しかも、それぞれが胸に別々のマークをつけている。右端

はどうやらユダヤを示すダビデの星のようだ。その上はナチスのハーケンクロイツ。真ん中は鎌と槌で、共産主義のシンボルであり、ソヴィエト連邦の国旗にも用いられていた。その左はキリスト教の十字架だろう。それぞれの主義を信奉する運動や団体がエスペラントをめぐって右往左往していることを示しているのか。

さて、それでは左端の人物が胸につけているのは何だろうか。小川博仁さんから、これはフリーメイソンのシンボルではないかというご指摘をいただいた。なるほど、定規とコンパスをかたどったフリーメイソンのシンボルマークのように見えないでもない。しかし、本文中にフリーメイソンへの少なくとも明示的な言及はない。

ウルリッヒ・リンス氏は、ナチス時代にエスペラント運動とフリーメイソンとの結びつきが強調されたことを指摘している。ナチス時代に書かれたある文書には「ほとんどすべてのエスペラント協会の指導は、ユダヤ人とフリーメイソンの手中にあった」と書かれているとのことである（Ulrich Lins "La danĝera lingvo" Nova, reviziita eldono, UEA, 2016, p113 筆者訳）。とすると、この表紙には、エスペラントとフリーメイソンとを直結するナチスばりのイデオロギーに対する批判が込められていたのかもしれない。これは全くの憶測ではあるが。

ハトも地上の混乱のせいで降りかねているようにも見える。危機的な時勢にあって、エスペラント運動も分裂し、激しい対立があったことをこの表紙は諧謔とともに表現しているように見える。なお、この挿絵を描いたR. Lavalというのは Raymond Laval（1900〜1996）と思われる。第2版の表紙については本書の書評を参照。

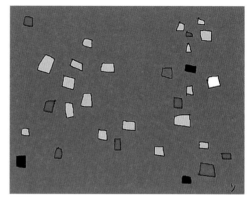

春近し

第2章 ノンフィクションと翻訳いくつか

クリミア問題の諸相

Kalle Kniivilä

"Krimeo estas nia – Reveno de la Imperio"

Mondial, 2015, 152p

　2014年3月16日、ウクライナの一部であったクリミア自治共和国とセヴァストポリ特別市で住民投票が行われ、圧倒的多数（公式発表では97パーセント！）の賛成によりロシア編入が支持され、18日にはプーチンがロシアへの編入を発表した。編入はロシアでは熱狂的に支持され、プーチンの支持率は跳ね上がり、「クリミアはわれわれのもの」は流行語ナンバーワンになった。他方で、欧米諸国からは力による領土拡大だとして非難を浴び、ロシアへの経済制裁が行われ、G8からも事実上追放された。また、東ウクライナでは政府軍と親ロシア派との戦闘がなお続いている。この大事件を市民へのインタビューを中心に追究したのが本書である。

　著者はフィンランド人のジャーナリスト。前著 "Homoj de Putin"（2014）では、プーチンの高い支持率の原因を探るため、ロシア市民にインタビューを重ねた。同書刊行後、クリミア事件に絞ってさらに取材を重ねて刊行されたのが本書である。

　著者は2014年9月に、クリミアの首都シンフェロポリ、軍都セヴァストポリ、ウクライナの首都キエフ、さらにその後モスクワに滞在し、ロシア人、ウクライナ人、そしてクリミアの先住民族であるクリミア・タタール人に対して、この事件の意味をどう考えるかについて質問を重ねる。エスペランティストも何人か登場する。立場や世界観が違えば、事件の評価や歴史の解釈も違ってくる。編入を歓迎する人、あくまで反対してウクライナに亡命した人、なおクリミアに留まって生きる人もいる。こうして、大部分は無名の市民たちの証言の積み重ねを通じて、事件の意味が多角的に照射

されることになる。

　編入によって、それまで平和に共存していた隣人がいきなり不倶
戴天の敵となる。旧ユーゴスラヴィアの解体を思い出させる現象が
繰り返される。あるクリミアのロシア人は、ウクライナ新政権は
ファシストだ、ロシアの特殊部隊（「緑の人」verdulojと呼ばれて
いる）が来てくれなかったら、彼らはクリミアに侵入してロシア人
を虐殺していただろうと主張する。また、クリミア・タタール人も
同様にテロリストだとする。

　他方で、そのクリミア・タタール人から見れば、事件は全く別
の様相を帯びてくる。彼らは1944年にナチスに協力したとしてス
ターリンにより中央アジアに強制移住させられ、ソ連解体後、帰
還を許されたが、その後も差別に苦しんできた。クリミアのロシ
アへの編入に伴い差別が再燃している。新たな支配者であるロシ
アは、彼らにはソ連による全体主義的支配体制や弾圧を連想させ
る。だから彼らにとっては民主主義的、ヨーロッパ的方向こそが目
指すべき道なのである。

　ことはそうした大状況だけにとどまらない。ある年金生活者は
海岸に住むのが夢で、クリミアに別荘を建てたのだが、編入によっ
てそこはロシア領になってしまった。住みなれた東ウクライナのド
ネツク州では戦闘が続き、戻るに戻れない。家族からも引き離され
てしまった。これが人生か、どうすればいいのか、と彼は嘆く。
クリミア問題という大事件の背後に、そうした無数の人々の生活
や苦難がある。

　最終章には、ロシアのリベラルな野党である市民プラットフォ
ームの代表を務めたイリーナ・プロホロヴァへのインタビューが掲
載されている。彼女によれば、ソ連の解体は抑圧から解放され、
より良い自由な国を作るチャンスだった。ところが、プーチンが権
力を掌握して、この方向を変えてしまった。プーチンはソ連の解体

を「20世紀における地政学上の大惨事」だと主張して国民のトラ
ウマに訴えかけ、「帝国の復活」を目論んでいるというのである。
クリミア併合から1年余が経過し、急速な軍事化の一方で、当時
の熱狂は醒め、経済制裁、原油価格の低下、クリミア経営のため
の膨大な経費負担などで不況が進行しており、著者は「冷蔵庫と
テレビの間の最終戦争」、すなわち市民生活と愛国的プロパガン
ダとの最終戦争が始まったというロシア人の皮肉な指摘で本書を
終えている。

　権力者が国民の大国意識に訴えかけ、同時に、自国は敵対的な
国家に囲まれていると危機意識をあおり、近隣諸国との信頼関係
を破壊し、異論の持ち主を「外国のエージェント」だとして排除す
る政治手法。そうした現象はクリミアやロシアだけのことではな
い。まさに現在の日本の政治状況そのものではないか。

　本書は、エスペラント版のほか、フィンランド語版、スウェーデ
ン語版が同時に刊行された。現在進行中の事件をめぐる分析を、
雑誌記事やネットではなく、まとまった書籍のかたちで、それも明
晰なエスペラントで読めるのは喜ばしい。情報の洪水のなかで、エ
スペラントによる時事的な情報の発信の意味を改めて考えさせて
くれる本である。

（La Movado 2015年9月号）

残留ロシア人の運命

Kalle Kniivilä

"Idoj de la imperio – La rusoj en Baltio"

Mondial, 2016, 185p

　1989年のベルリンの壁の崩壊とそれに続く1991年のソ連の解体は衝撃的な大事件だった。その引き金となったのが、エストニア、ラトヴィア、リトアニアのいわゆるバルト三国における独立運動で、1989年8月、独ソ不可侵条約調印50周年にあたり、三国の市民が600キロメートルにわたる「人間の鎖」を作って併合に抗議した。それを伝えるニュースを見て大きな感動を覚えたことを記憶している。

　あれから早くも四半世紀が過ぎたが、本書はその後の三国の状況について多くの情報を伝えてくれる。著者は、そこに居住するロシア人へのインタビューを通じて、「帝国」崩壊後の彼らの暮らしぶり、彼らの置かれた立場への意見などを聞き出そうと努め、相手は自らの過去を振り返り、将来への思いを語る。私はその問答を読みながら、彼らが経てきた人生に思いを馳せて感無量であった。

　インタビューは2015年の夏から秋に行われ、相手はジャーナリスト、政治家、労働者、失業者、学生などさまざまである。著者はフィンランドのジャーナリストで、エスペランティストでもあり、ロシアの現状を伝える "Homoj de Putin" "Krimeo estas nia" という2冊のルポルタージュを刊行している。

　ナショナリズムが昂進するなかで、エストニア、ラトヴィアは、1940年8月のソ連への編入（それはエストニア人たちから見れば「占領」以外のなにものでもない）以前に居住していた市民とその子孫のみに国籍を付与することを決定した（リトアニアだけは自動

的に国籍を認めた）。それは、「占領」以後に ソ連各地から流入し
てきたロシア人（必ずしもロシア人ばかりではない。正確にはロ
シア語系住民あるいはロシア語話者住民）を排除するためであ
り、国籍を取得しようとする者は厳しい言語能力試験に合格せね
ばならなかった。この決定は残留ロシア人から猛烈な反発を招い
たほか、のちに三国が加盟を目指していたEUや国際人権機関から
も批判された。

　ロシア人には、高等教育を受け、行政機構や企業で高い地位を
占めていたエリートもいたが、生活のためにソ連の他の地域から
流入して国営企業や原子力発電所などで働いていた労働者やその子
弟もいた。その彼らが、独立後いきなり「占領者」と名指しされ
て国民統合から排除されたのである。その後、国籍取得に関する
要件は次第に緩和され、ロシア人を統合してゆく方向にあるが、
依然として無国籍のロシア人が存在していて（ラトヴィアでは人口
の14パーセント）、社会問題となっている。

　本書を読むうちに、歴史認識が現状と直結することを思い知ら
される。立場によって歴史的事実の見方は全く異なる。例えば、
2007年にタリン（エストニア）で「ブロンズの夜」と呼ばれる事
件が発生した。これはソ連赤軍によるファシズムへの勝利を記念し
て1947年に建立された「ブロンズの兵士」の像を、ときの政権が
「占領」のシンボルとみなして撤去を決めたことにロシア人が反発
して暴動となった事件である。歴史認識が現状認識と鋭くリンク
し、政治的対立に直結するのである。

　さらに、情報格差の問題がある。著者は、ナルヴァ、ラスナマエ
（ともにエストニア）、ヴィサギナス（リトアニア）など、ロシア
人が人口の過半を占める都市を訪れる。そこでは、特に高齢者は
ロシア語だけで生活し、国家語を全く知らず、非ロシア人との交流
もない。その上にロシアで制作されたテレビ番組ばかり見ていれ

ば、彼らの社会認識はきわめて偏頗なものにならざるを得ない（もっとも、最近はロシア人に向けたロシア語放送の重要性が認識されつつあるようだが）。

　他方で、若い世代はもっと開放的であり、ロシア語に加え、それぞれの国家語を流暢に話す。しかし、国家語の通用範囲は国内に限られ、労働市場も狭小であり、ロシア人というだけで就職に不利である。そこで、英語かロシア語が話せたほうがEUやロシア語圏内での就職に有利だとしてイギリスなどへ留学する者も増えているとのことである。

　その他にも、本書には極めて多くの情報が盛り込まれている。2014年のクリミア危機がロシア人の存在を改めてクローズアップしたこと（「第五列」！）、2015年の難民問題の発生の際、EUによる難民の割当に対して、ロシア人の間でも反発が生じたことなど、最新のトピックスにも言及されている。本書は、明快なエスペラントを駆使し、異文化との共存、コミュニケーションをめぐってヨーロッパの周縁で進行している事態を伝えると同時に、歴史の記憶と政治との関わりをめぐる日本の現状を考える上にも大いに示唆的である。

（La Movado 2016年10月号）

　（追記）

　歴史の記憶が現在の政治状況と直結する。そうした構造をバルト諸国の歴史と現状の分析をつうじて解明したのが、橋本伸也『記憶の政治—ヨーロッパの歴史認識紛争』（岩波書店、2016）であり、上記の書評をはじめとして、本書所収の書評執筆にあたって大いに有益であった。

"Idoj de la imperio— La rusoj en Baltio"

知られざる「中立モレネ」

David Van Reybrouck
"Zinko"

Internacia Esperanto-Instituto, 2017, 56p

　かつて中立モレネ (Neŭtrala Moresnet) という地域が存在したことをご存じであろうか。ここは、プロイセン（のちにドイツ）とオランダ（1830 年以降はベルギー）の国境にあった、面積 3.5 平方キロメートル、人口は多いときでも数千人ほどのごく狭い地域である。ただ、ここにはヨーロッパ最大の亜鉛鉱山があり、プロイセンとオランダ両国がその領有を主張して譲らなかったため、1816 年のアーヘン協定により当面のあいだ共同統治することが決まり、同年から1920 年まで104 年にわたって中立地帯として存続することになった。亜鉛鉱山がある以外は特記すべきこともない地域ながら、ヨーロッパの歴史、列強の間の対立紛争に翻弄されてきた地域である。

　ここはエスペラントの歴史にもささやかながら足跡を残している。鉱山病院の医師でヴィルヘルム・モリー Wilhelm Molly という熱心なエスペランティストがいて、彼は1908 年にエスペラントを公用語にして、「国名」を Amikejo にしようと提唱した。"O Tannenbaum"（もみの木）のメロディーに乗せた「国歌」も作られ、子どもから成人まで多くの人がエスペラントを熱心に学んだ。また、この年にドレスデンで開催された世界エスペラント大会では、中立モレネが世界のエスペラント・コミュニティの首都とならねばならないと宣言した。とはいえ、当時ここはドイツとベルギーにより共同統治されていた地域で、大幅な自治権が認められてはいたものの、国家として独立する可能性はなく、所詮はエピソードにとどまるというべきであろう。

　著者は本書でモレネの変遷を，そこで生まれて数奇な運命をたどったエミール・リクセンという男性の生涯と重ね合わせて語る。彼の母親はマリー・リクセンというドイツ人の女性で，デュッセルドルフの工場経営者の屋敷で小間使いとして働いていたが，彼に妊娠させられ，モレネに逃れて1903年にエミールを出産した（それ以降，彼女がどういう人生を過ごしたのか，本書では全く語られない）。エミールは養子に出されて，neûtralanoとして人生を歩み始める。

　モレネは，第一次世界大戦中の1915年6月にドイツに占領され，ドイツ領となるが，終戦後の1920年にはベルギー領に編入されてケルミスと呼ばれるようになり，ここに104年にわたる中立地帯は消滅する。エミールはベルギー国民となり，ベルギー軍に徴兵されて1923年のフランスとベルギーによるドイツのルール占領に加わる。その後，第二次世界大戦中の1940年にドイツによって再占領されるや，今度はドイツ国籍となり国防軍に徴兵される。ドイツの敗戦後は，脱走してケルミス（1944年にベルギーへ復帰した）に戻るが，ドイツへの協力者としてレジスタンス組織に捕えられ，アメリカ軍に引き渡されて，当時フランスのシェルブールにあった収容所に収容される。まさに数奇としか言いようのない運命をたどり，著者は「彼は国境を越えたのではない。国境のほうが彼を越えたのだ」と評している。

　エミールは，戦前はパン職人として，戦後は羊毛工場の工具として働き，12人の子をもうけたが，晩年は体の自由も利かなくなって，一日のほとんどを窓辺に座って過ごし，1971年に68歳で亡くなった。晩年の彼の胸中に去来したものは何だったのだろうか。著者は彼を「現代のヨブ」と呼び，その苛烈な人生を彼の子どもたちや知人たちへのインタビューを通してえがき出していて感動を呼ぶ。

"Zinko"

本書は片々たる小冊子ながら、その記述は個人史とモレネ（ケルミス）の歴史とが入り交じり、かなり錯綜していて、読みやすくはない。しかし、20世紀ヨーロッパの歴史を一庶民の人生を通してえがいた忘れがたいノンフィクションである（本書の裏表紙では novelo だとされているが、それは本書の高い文学性のためであろうか）。また、本書はオランダ語原典（2016年刊）からの翻訳で、私の読解力不足のためではあるが、Piet Buijnsters による訳文はかなり生硬な印象を受ける（それでも初版よりはだいぶ改善されたらしい）。発行部数も120部と極めて少なく、新刊なのに入手困難ながら、読むに値する本だと考え、あえて紹介させていただいた。なお、著者は1971年、ベルギー生まれの評論家で、著書の邦訳に『選挙制を疑う』（法政大学出版局、2019）がある。

　本書の表紙には美しい花の写真が掲載されている。これはzinkviolo (Viola calaminaria) といって、亜鉛（zinko）を含む土壌にしか自生しない、極めて珍しいスミレだそうである。春に咲くが、著者がケルミスを訪れたのは冬で初雪が降ったあとだったので、この花は咲いていなかったという一文で本書は結ばれている。心憎い結末である。

（La Movado 2019年12月号）

世界に向けて日本を発信する

Hori Jasuo
"Raportoj el Japanio 22"

Horizonto, 2019, 206 p

　本書の著者の堀泰雄氏の多彩な活動はよく知られている。ここでは、2009年以来著者が主宰しているエスペラント大相撲や、東日本大震災の被災地の現状のエスペラントによる報告、また被災地の子どもたちに対する支援活動（唐丹希望基金）をあげておこう。

　著作活動も極めて旺盛であるが、なかでも Hori Jasuo "Raportoj el Japanio" シリーズは、1998年の第1巻刊行以来、2019年5月刊行の最新刊で全22巻となり、同時代の日本の状況をエスペラントで世界に伝える巨大なドキュメントとなっている。『世界の旅人堀さんの気ままエッセー』は、本書と共通の話題を多く含む日本語のエッセー集であるが、こちらもすでに9巻に及ぶ。

　また、著者は、岩手県在住の俳人で、自身も大震災で被災した照井翠氏の句集『龍宮』（角川学芸出版、2013）を読んで深く感動し、彼女の俳句とそのエスペラント訳に写真とコメントを付した『東日本大震災　震災鎮魂句』（Horizonto、2017）を刊行した。同書をはじめとする震災シリーズもすでに5巻を数えている。このほかにも著書は多数に及び、その総数は40数冊に達する。これほどの精力的な著作活動は、日本だけでなく世界のエスペラント出版でも他にちょっと思い浮かばない。

　ところで、この "Raportoj el Japanio" シリーズは途中でその内容を大きく変える。そのきっかけは、2011年3月11日に発生した東日本大震災であった。「東日本大震災の年には、ほとんど震災にしか関心が持てなくなり、思うことは震災であり、原発事故で

あった」と著者は『気ままエッセー８』の「はじめに」で記している。

　以来、著者は、東日本大震災、福島第一原発事故という大惨事とその後の復興の状況を執拗に追究し、エスペラントによって世界に発信することになる。収録されているレポートは、これに先立って世界の1000人のエスペランティストに向けて発信され、サイトに掲載され、あるいは受け取った人が母語に翻訳して伝えるなどして、広く深く浸透していく。

　ページ数も、その前の第14巻が187ページだったのが、第15巻（2011年３月から2012年３月まで）は426ページと一気に増大した。内容も初めは新聞報道の紹介が多かったが、次第に著者が現地入りし、その状況を生々しく伝えるレポートが増え、著者の思いが感じられる。

　それ以後第21巻に至るまで、このシリーズには"Katastrofo de Japanio"というサブタイトルが付されることになる。引き続き著者は精力的に現地を訪れるが、そのまなざしは被災地に向けられるだけではない。現地の状況を凝視するなかで、著者は復興が進まないことへの批判、そこに集約されている日本の政治、社会のあり方に対して鋭い批判を向けている。

　第22巻に収録されている文章は、被災地の状況を具体的に伝えるレポートのほかに、新美南吉の童話「花のき村と盗人たち」のエスペラント訳、リスボンで行われた世界エスペラント大会参加記、ネパールやモンゴルへの旅行記など多彩であり、沖縄県知事選挙など時事的な記事も掲載されている。ウランバートルにある日本人抑留者墓地訪問記や、ノモンハン事件やシベリア抑留についても言及している。あるいは、2018年６月23日に開催された沖縄全戦没者追悼式で中学３年生の相良倫子さんが読んだ詩「生きる」の著者自身によるエスペラント訳も掲載されている。表現は平明で

あり、多彩な内容と相まって楽しく読み進めることができるだろう。

　著者は "La Ondo de Esperanto" 誌により、"Esperantisto de la jaro 2018" に選ばれた。本書冒頭の同誌によるインタビューを一読すれば、著者がどのような意図でエスペラント活動を続けているのかがよくわかる。

　これほどの本を精力的に出し続け（発行所はホリゾント出版となっているが、自費出版である）、エスペラント大相撲を主宰しているにもかかわらず、著者はきわめて行動的であり、読書人として書斎にこもったり、書物に耽溺したりすることはない。著者にとって読書はエスペラントの普及と平和の実現に奉仕するもの、運動を起動させる出発点として、きわめて実践的な性格を帯びている。

　著者はインタビューで次のように力説している。"Fidu Esperanton. Lernu kaj lernu, verku kaj verku, legu kaj legu en la Sumoo, klopodu kaj klopodu, kaj kun fiero semu kaj semu, kaj vi povos trovi samideanojn, ... kaj ŝanĝi la movadon kaj la mondon. Estu fieraj batalantoj por paco!" と（p.27）。本書を読むと、われわれもこうしてはおられない、という気持ちにさせられる。

（La Movado 2020年3月号）

（追記）

　この書評が掲載された直後の2020年3月に『東日本大震災 唐丹の海から世界へ──子どもたちと歩んだ9年』（Horizonto）が刊行された。本書は、本文で触れた唐丹希望基金の9年にわたる歩みを、著者が撮影した写真と文章（日本語とエスペラント）で綴った冊子である。

"Raportoj el Japanio 22"

フランドルの野に死す

Herwig Verleyen

"In Flanders Fields / En Flandraj Kampoj"

Flandra Esperanto-Ligo, 2014, 70p

　昨年［2015年］、雑誌 "Monato" で "In Flanders Fields"（"En Flandraj Kampoj"）という本の広告を何度か見かけた。表題になっている "In Flanders Fields"（「フランダースの野に」）は、第一次世界大戦から生まれた最も有名な詩だそうだ。私はこの詩についても、作者のジョン・マクレーについても全く知らなかったが、気になって入手、一読し感動したので、本書の内容や感想を記してみたい。なお、この詩が生まれたイープルは、昨年の世界エスペラント大会の開催地であるリールに近い、ベルギーのフランドル地方の都市である。

　本書の原著はオランダ語で書かれ、1992 年に刊行された。本書は、Lode Van de Velde の手になるそのエスペラント訳である。マクレーの経歴、上記の詩が生まれた経緯、その後の反響などが簡潔に記述されている。また、十字架や墓碑が立ち並ぶ戦没者墓地や、当時の塹壕などの写真が多数掲載されていて、深い感慨に誘われる。第一次世界大戦は日本人にはなじみが少ないが、ヨーロッパ諸国を巻き込み、甚大な被害を生み、次代を担う若者たちを次々と倒した「大戦争」（the Great War）であった。

　さて、マクレーは1872 年に、当時イギリスの自治領だったカナダに生まれ、大戦では軍医として働き、1918 年に戦病死した。1914 年 8 月、ドイツ軍がパリを攻略するためベルギーに侵攻し、以来、イープル近郊で3 度にわたりイギリス軍を中心とする連合軍と激しい戦いを繰り広げた。1915 年 4 月、ドイツ軍が初めて毒ガスを使用したことで知られる第二次イープルの戦いの際、彼は野戦

病院で負傷者の治療に当たっていた。年少の友人が戦死しし、その葬儀を済ませたのちの５月３日に書いたとされるのが "In Flanders Fields" で、1916 年１月８日にイギリスの週刊誌『パンチ』に掲載されるや、その修辞の力によって兵士たちやその家族たちの絶大な共感を呼び、イギリス、イギリス連邦、アメリカなどで有名になった。

　この詩の語り手は死者である。ここでは全部を引用する紙幅がないが（原詩はインターネットで検索すれば容易に見つけることができる）、彼は「ぼくたちは数日前には生きていて、夜明けを感じ、夕日を眺め、愛し、愛されたのに、今ではフランダースの野に横たわっている。（中略）君たちがぼくたちとの約束を守ってくれないなら、ぼくたちは眠れない」と訴える。それでは、その約束とは何か。自分たちを殺した敵に勝利してほしいということなのか。実際、この詩は発表後、戦意高揚、あるいは戦費調達のためのプロパガンダとして大いに利用されたそうである。

　しかし、当然ながら、そのように利用されたからといって、作者の真意もそこにあったとは即断できない。とりわけ問題になるのは第三連の冒頭で、原詩では、"Take up our quarrel with the foe" とあるところを本書では "Malamikojn sendu al la morto" と訳している。これに対して、小沼通二は、この箇所に作者の隠された思いを見てとり、「敵との戦いを終わりにしよう」と訳している（「戦死者を偲ぶ」、『図書』2015 年11月号）。いずれの解釈が正しいのか、作者がひそかに両義的な意味合いを込めて書いたのか、私には判断できないが、人生の半ばで生を断ち切られた者の無念を、読者がそれぞれの観点から受け止め、解釈することは許されるだろうと思う。

　イープルは激戦地の代名詞となり、人々に大きな衝撃を与えた。この詩は、戦いのあと、血のように赤いヒナゲシの花が地表を埋

め尽くし、そのあいだに戦死者の無数の墓標が立ち並ぶ情景を描いている。この詩に感動して、アメリカ、イギリス、イギリス連邦では、1921年から11月11日の戦没者追悼記念日に造花のヒナゲシを胸につける慣わしとなり、この日もポピー・デイと呼ばれるようになった。そうした経過も本書で知ることができる。

　第一次世界大戦から百年以上が経過した現在でもなお戦争はなくならず、世界のあちこちで無数の人々が理不尽に殺戮されている。本書を読みながら、私はそうした無数の死者たちの無言のまなざしを強く感じた。軍事用語や、なじみの少ない史実、地名が頻出するため、読みやすいとはいえないが、それでも本書がエスペラントで読めるのは幸いである。

　なお、本書には、訳者によるこの詩の訳とともに、2009年にアメリカの雑誌に掲載された4人の翻訳者によるエスペラント訳も収録されていて、原詩と比較対照すると興味深い。

（La Movado 2016年6月号）

　（追記）
　津田博司「フランダースの赤いポピー」（藤原辰史編『第一次世界大戦を考える』（共和国、2016）所収）は、フランダースの赤いポピーが戦没者追悼のシンボルとして普及していったプロセスを紹介している。また、当時イギリスの植民地であったカナダのイギリス系カナダ人たちが、いかにイギリス帝国に対する強い帰属意識を持ち、「母国」のために「帝国の総力戦」を戦ったかが語られていて興味深い。

戦争と沈黙

Sabine Dittrich; trad. *A. Montanesko*
"Heredantoj de silentado"

KAVA-PECH, 2017, 148p

　この作品は、ユダヤ系ドイツ人の女性ヤエルの一人称によって語られる恋愛小説であり、彼女がプラハでチェコ人の男性ラデックと知り合い、次第に惹かれていくプロセスや、そのときどきの心理の動きが一人称で細やかに語られている。他方で同時に、彼らの仲が深まるにつれて、ドイツとチェコスロヴァキアをめぐる歴史の暗部、その中での彼らの祖母、祖父たちの人生が次第に明らかになっていく。その意味では歴史小説でもあり、二つの軸が絡み合ってドラマは進展していく。

　本書は、ドイツ人の女流作家が2013年に刊行した小説（原題は"Erben des Schweigens"）のエスペラント訳で、昨年［2017年］チェコの KAVA-PECH から刊行された。訳者は Aleksandro Montanesko で、これはドイツの練達のエスペランティストの筆名だそうである。

　この小説を味わうために、まずドイツとチェコスロヴァキアをめぐる現代史を整理しておこう。チェコスロヴァキア、特にズデーテン地方には以前からドイツ人が多数住んでいた（いわゆるズデーテン・ドイツ人）。ヒトラーは彼らの独立要求を理由として、第二次世界大戦直前の1938年にズデーテン地方の割譲を要求し、これを英仏独伊首脳によるミュンヘン会談で認めさせた。翌1939年には、さらにチェコスロヴァキア全土を併合した。1942年には、ナチス幹部のラインハルト・ハイドリヒ暗殺に対する報復としてチェコ人に対する虐殺を引き起こした。他方、第二次世界大戦中には、多数のチェコスロヴァキア在住のユダヤ人を、プラハから北に

60キロメートルほどの場所にあるテレジン収容所を経由してアウシュヴィッツ強制収容所に送り、虐殺した。

　私事ながら、以前プラハのゲットーにあるシナゴーグを訪れたとき、収容所で犠牲になったユダヤ人の名前が壁一面にびっしりと刻まれていて、胸をつかれたことを思い出す。また、テレジン収容所で子どもたちが描いた絵も展示されていた。

　ところで、1945年のドイツ降伏に伴い、今度はチェコスロヴァキア在住のドイツ人が辛酸をなめることになった。彼らは追放され、その過程で多数の人々が形式的な裁判を経て殺された。また、彼らの住居や財産もチェコ人に略奪された。しかも、そうした行為は共和国大統領令（ベネシュ布告）により刑事責任を問われないこととされたのである。

　さて、ヤエルは当初、自分の家族の歴史について全く知らなかったが、調査や聞き取りの過程で、彼らが歴史にどのように翻弄され、辛酸をなめたかをだんだん知らされることになる。祖母のヤエルはプラハで夫とともにカフェを経営していたが、1941年、ユダヤ人が収容所に送られることになり、彼女は生まれたばかりの娘ハンナをドイツ人の従業員であったエルザに託す。そうして収容所に送られる途中、列車から奇跡的に脱出し、パレスチナまでたどり着いて、戦後はずっとイスラエルで暮らす。他方、エルザは戦後、チェコスロヴァキアを追われてハンナとともにドイツに住む。そのハンナの娘がこの物語の語り手のヤエル（祖母と同名）である。

　また、ラデックのほうは、ドイツに抵抗した英雄的軍人であった祖父が、戦争終了直後にドイツ人を処刑することを決定したランシュクロウンの人民裁判に関与していたのではないかという疑いを抱き、調査を進める（この裁判では、少なくとも24人が殺害され、100人以上が拷問の結果、間もなく死亡したとされる）。この

作品は、二人の愛の深まりと家族の歴史の探究の過程が「あなた」に向けてヤエルの一人称で語られ、その合間に、明らかにされた双方の家族の歴史が三人称で挿入されるという構成をとっている。

　物語の終わりで、祖母とともにアウシュヴィッツ行きを免れ、戦後はイスラエルで彼女と人生を共にしたエリアスという男性の孫から手紙が届く。それによれば、エリアスの没後に日記が発見されたが、どうやらチェコ語で書かれているらしい。ヤエルはラデックとともにイスラエルに赴いて、その日記を読むことによって祖母が抱えていた心の闇を明らかにしようと決心する。そのようにして二人が死者たちの人生を追体験することが今後の人生の課題となるであろうことが示唆される。ヤエルは、そうした探究の過程で篤い信仰を持つ女性たちに出会い、すべては偶然ではなく、そこには摂理が働いているという思いを深めてゆく。

　この作品は、ドイツとチェコスロヴァキアの現代史をめぐる小説であり、ストーリーも登場人物の関係も非常に錯綜しているので、決してわかりやすいとはいえないが、さまざまな思いを誘われる作品である。題名を文字通り訳せば、『沈黙の相続人』となろうか。死者はもちろん何も語らない。その子どもたちの世代も、戦争の渦中で犯された犯罪について沈黙している。沈黙どころか、歴史の修正・改ざんが公然と唱えられ、歴史認識が政治と直結していることを日々痛感させられる現在、この小説は、たんに遠い中欧で起きた他者の物語であるにとどまらず、われわれが今ここで、どのように歴史に向き合うかを考える上で大きな示唆を与えてくれると思う。

（La Movado 2018年4月号）

"Heredantoj de silentado"

セネカをエスペラントで読む

Seneko; trad. *Gerrit Berveling*
"Mallongeco de la vivo"

Fonto, 2014, 103p

　本書は、古代ローマ時代の哲学者にして政治家であったセネカ
(B.C.4又は1〜A.D.65) が残した対話篇のうちの1篇、名高い「人
生の短さについて」のエスペラント訳であり、ラテン語の原文が
併載されている。本書は古くから、よく生きるための手がかりを
与えてくれる古典として愛読されてきた。私の知人にも本書が30
年来の愛読書だという人がいるが、私も、長年人生の糧として
折々にその邦訳（茂手木元蔵訳、のち大西英文訳。いずれも岩波
文庫）に親しんできた。昨年［2014年］、イタリアに滞在して大
学でイタリア語を学んでいたときにも、「あなたの人生を変えた
本を挙げよ」と講義で先生から問いかけられて、本書を挙げたこと
がある。このたび、ハンディなかたちでエスペラント訳が刊行さ
れ、エスペラントを通してこの賢者の思索に近づけるようになった
ので、少しばかり本書について紹介してみたい。
　政界で活躍していたセネカは、西暦41年、一人息子に先立た
れ、さらにその直後、宮廷内の陰謀に巻き込まれてコルシカ島へ
流刑になり、そこで8年余にわたり失意と孤独の日々を過ごし
た。幸いにしてローマに召還されたあとは、皇帝ネロの教育係と
なるが、次第にネロにうとんじられるようになり、政治から退い
て隠棲するものの、やがてネロから死を命じられ、壮絶な死を遂
げた。本篇は流刑から解放され、宮廷政治家として活躍していた時
期に書かれたものらしい。とはいえ、本書を読んでいると、流刑
地での苦難の日々や死者たちの記憶が彼の思索に大きな影を落と
しているように感じられる。

　セネカは、狂帝カリグラ、暴君ネロなど悪辣な皇帝が相次ぎ、死がごく日常的な事実であるような時代を生きた。しかし、それは古代ローマ時代に限ったことではない。21世紀の今でも依然として世界各地で自然災害や戦争や暴政による大量死は絶えず、また権力者が愚昧で、横暴を極めていることは、われわれが日々目のあたりにしているとおりである。そしてそれ以上に、社会のあり方がいかに変わろうとも、人間が人生でさまざまな苦（仏教のことばでいえば生老病死、四苦八苦）に直面せねばならず、さらにその先には死が待ち構えているという事実は、それこそ古代ローマであろうと現代であろうと全く変わるところはない。それだからこそ、本書は、われわれとは無縁の遠い過去の遺物ではなく、今もなお切実にわれわれに訴えかけるのであろう。

　セネカは本書で、われわれは生の短さという冷厳な事実に直面することを避け、地位や財産や権力を求めていたずらに生を浪費していると説く。有力者の庇護を求めて東奔西走したり、望みどおり高位の公職に就いたものの、それに忙殺されたり、瑣末な知識の追求に明け暮れたりして生を浪費する者たちのありさまを、彼はきわめて具体的かつ辛辣に描き出していて、読んでいると古代ローマ人があたかもわれわれの隣人のように感じられる。

　他方で、彼が理想とする「閑暇の人」は、そうした世俗の営みに時間を浪費することなく、いかに生きるべきかを古今の哲人たちと対話しつつ観想の生活を送るのだという。人生は短い、しかし、真に自分のために活用すれば長いとして、セネカは、"vivu do tuj !"（ただちに生きよ）（9：1）と対話相手のパウリヌス、つまりは読者に向かって呼びかけるのである。

　私は、あいにくラテン語は全く知らない。しかし、全編を通じた、簡潔で、切迫した、たたみかけるような筆致は、エスペラン

"Mallongeco de la vivo"

トを読んでいても（あるいはエスペラントだからこそ一層、と言うべきか）感じられる。例えば、上記の呼びかけの直前、死が迫りつつあることを説く一節はこんな具合である（カッコ内の邦訳は大西英文訳による。以下同じ）。"Okupata vi estas, la vivo rapidas; sed dume alvenas la morto, kaj al ĝi – ĉu vi volas-nevolas – vi devas cedi la lokon"（君は何かに忙殺され、生は急ぎ足。やがてそのうち死が訪れ、否応なく、その死とともに君は（永久に）安らわねばならないのだ）（8:5）。これではあまりに身もフタもなさすぎると感じられるかもしれない。では、次のような文章はどうか。"Vivi oni devas tutvive lerni, kaj –eble ankoraŭ pli mirige– tutvive oni devas lerni morti"（生きる術は生涯をかけて学び取らねばならないものであり、また、こう言えばさらに怪訝に思うかもしれないが、死ぬ術は生涯をかけて学び取らねばならないものなのである）（7:3）。

　これらの引用からもうかがえるとおり、セネカは常に死を意識し、死に直面する存在として人間をとらえていた。そうした思想自体はむろん、セネカの独創ではない。しかし、エスペラント訳でこれらの文章を読んでいると、私は彼の「修辞のちから」（大西英文）を切実に感じる。そうして、自分は彼の説くような意味で本当に生きていると言えるのか、こうしてはいられない、という思いに駆り立てられるのである。

　なお、セネカの他の主要著作のエスペラント訳では、『倫理書簡集』と「ヘルヴィアに寄せる慰めの書」「アポコロキュントーシス」が、本書の訳者の Gerrit Berveling の手になる浩瀚なラテン文学選集 "Antologio Latina vol. 3"（Fonto, 2009）に抄録されている。また、やはり同じ訳者によりセネカ作とされる悲劇『オクタウィア』"Oktavia" がエスペラント訳されているが、こちらは偽作で

あるとするのが定説だそうである（Flandra Esperanto-Ligo, 1989）。

（La Movado 2015年6月号）

　（追記）

　以下はエスペラントと直接関わりはないが、上記の大西訳は、もと『セネカ哲学全集』第１巻（岩波書店、2005）に収録されたが、のち岩波文庫『生の短さについて　他二篇』（2010）に収められた。その後、本篇の新しい邦訳が刊行された。中澤務訳『人生の短さについて　他２篇』（光文社古典新訳文庫、2017）である。

　なお、政治家としてのセネカについては、ジェイムズ・ロム『セネカ　哲学する政治家』（白水社、2016）が息をつかせぬほど面白い。サブタイトルに「ネロ帝宮廷の日々」とあるように、宮廷政治家であり億万長者であったセネカの実像に迫った著作。著者はある歴史家の「貧困を賛美させたら、セネカという億万長者の右に出る者はいない」という痛烈な言葉を引用している。また、セネカは、母アグリッピナを暗殺しようとするネロの謀議の席にいた。彼女はセネカを流刑地から呼び戻してくれた恩人であったにもかかわらず、である。「セネカの書いたあらゆる言葉も、セネカが公表したあらゆる論考も、この瞬間、この部屋に、セネカがいたという事実を念頭に読まれなければならない」と著者は記している。

"Mallongeco de la vivo"

20世紀のガリヴァーの末裔たち

Frigyes Karinthy 、*trad. Lajos Tárkony*

"Vojaĝo al Faremido"

trad. Andreo Szabó

"Kapilario"

Hungara Esperanto-Asocio, 1980, 182p

Sándor Szathmári

"Vojaĝo al Kazohinio"

Sennacieca Asocio Tutmonda, 1958, 315p

『ガリヴァー旅行記』を読まれたことがあるだろう。作者はどのような動機からあんな奇怪きわまりない作品を書いたのであろうか。架空の世界に仮託しての同時代への風刺、というだけのことでは恐らくあるまい。徹底して反ユートピア的な世界をえがくその執着のすさまじさには、狂気めいたものさえ感じられる。

さて、今回は、エスペラント文学に登場するガリヴァーの末裔たちについて書いてみたい。

まず、ハンガリー作家フリジェシュ・カリンティ Frigyes Karinthy (1887〜1938) の『ファレミドー』（1916）と『ツァピラーリア』(1922) のエスペラント訳 "Vojaĝo al Faremido" "Kapilario" について。それぞれ、ガリヴァーの第5回目及び第6回目の航海という設定である。なお、作者自身エスペラントに理解が深く、ハンガリー・エスペラント協会の会長もつとめた。

この2作品のうち、とりわけ『ツァピラーリア』は異様な作品である。主人公がたどりついた国では、女が生を享受し、男はといえば女の何分の一かの大きさしかなく、性格は陰険で、どうしようもない生き物である。それかあらぬか、男たちは、海上の世界にあこがれて、せっせと塔を作っては、 海面に到達しようとす

る。ところが、さんざん苦労してやっと完成すると、女たちがやってきて、男どもを追っぱらって、それを占拠してしまうのだ。「塔」は男たちのいだく観念であり、女は生活そのもののアレゴリーでもあろうか。（余談ながら、彼の息子フェレンツ Ferenc Karinthy（1921〜1992）も作家であって、『エペペ』"Epepe"（1970）という作品が邦訳されている。主人公が誤って飛行機から降りたところが何とも奇怪な世界で、彼は数か国語に通じた言語学者であるのに、そこの住民の話す言葉が一向にわからず、いつまでたっても意思疎通ができない。カフカ的不条理の世界をえがく、これまた反ユートピア小説である。）

　カリンティのこれらの作品に影響を受けて書かれたのが、エスペラント文学の傑作であるサトマーリ Sándor Szathmári（1897〜1974）の『カゾヒニア旅行記』（"Vojaĝo al Kazohinio"）である。主人公ガリヴァーが航海の途上でたどりついた国を支配するヒン人の社会は、あたかもザミャーチンの『われら』を彷彿とさせる合理化・画一化の極限に達しており、彼らはおよそ人間的な苦悩とも理想とも無縁である。耐えきれなくなった主人公はベヒン人の社会へと移住するが、そこは、ヒン人のそれとは対照的に、人間的な余りに人間的な社会であって、乱脈きわまりない狂気の支配するところであった。両方の世界をさまよったあげく、主人公はかろうじてこの国から脱出する。

　いずれも悪夢・悪意・哄笑のあいまった異様な世界であって、しかもまぎれもなく20世紀の刻印をおびている。これらをエスペラントで読めるという特権を活用しないという手はない。

　（追記）

　"Vojaĝo al Faremido" は Lajos Tárkony 訳、"Kapilario" は Andreo Szabó 訳。『エペペ』は、池田雅之訳、恒文社、1978。

（La Movado 1985年9月号）

"Vojaĝo al Faremido" / "Kapilario" / "Vojaĝo al Kazohinio"

ラ・ロシュフコーをヴァランギャンの名訳で

La Rochefoucauld; trad. G. Waringhien

"Maksimoj"

Fonto, 1986, A5, 112p

「自分の長所のひとつひとつを突きつめて見て、世の中で自分の一ばん尊敬している人よりも、自分が下だと思うような人間はない」（内藤濯訳）

こんなミもフタもないセリフを言われたら、誰だって思わず「何を利いた風なことを」と言下に否定したくなる。しかし、よくよく考えてみれば、この指摘を100パーセント否定できる自信のある人はいまい。もちろん、こう言われたからといって、自尊心というものが人間のやむにやまれぬ性である以上は、それを捨てるわけにはゆかないのも事実である。しかし、自分の自尊心を完全に距離をおいて眺めるのは不可能だといえ、少なくともそのように心がけるのは精神衛生上よいことだろう。

さて、このような警句が数百収められているのが、フランスのモラリスト、ラ・ロシュフコーの『箴言』（初版刊行1665年）であり、本書はそのエスペラント訳である。フランス語の原文との対訳という体裁になっている。はじめ1935年に刊行されたが、その後長らく絶版になっていた。それがほぼ半世紀ぶりに復刻されたものである。

本書の内容を一言でいえば、人間の行為の根底を自己愛と見、世間で美徳とされている行為をその現われとして見たものである。タテマエとしての古典的な人間観を信奉する同時代のサロンに集う人たちには、人間の美しい行為のウラにひそむ自己愛をレントゲンのようにあぶり出す著者の辛辣さは耐え難いものだったようである。しかし、今読んでみると、私が鈍いせいなのだろうが、大部

分はすごくまっとうなことが書いてあるという気がする。我が身のこととして身につまされる場合もないではないが、知人の誰彼の顔が思い浮かんだりすることが多い。目は外を見るようにできているのである。

　なお、余談ながら私は前にも『箴言』のエスペラント訳を少し読んだことがある。Elio Migliorini の "Esperanta Legolibro" に抄訳がのっていたからで、私は最近まで、これがヴァランギャンの手になるものと思い込んでいた。実際はそうではなかったので、改めて調べてみたら、こちらのほうはボーフロンによるものであった。

　ところで、本書のほかにも訳者には、オマル・カイヤーム『ルバイヤート』、ボードレール、ハイネなど多数の訳業があるが、職業的な翻訳者ならば、その業績としてこのような翻訳書のリストが並ぶことは通常はありえない。訳者が自らをアマチュアと自称しているゆえんであり、またエスペラント界なればこそであろう。せっかくの才能を惜しいような気がする、といっては怒られるかもしれないが、エスペランティストとしてはもちろん訳者に大いに感謝すべきなのであろう。

（La Movado 1989年12月号）

（追記）

　邦訳では、内藤濯訳の岩波文庫版（ラ・ロシュフコー『箴言と考察』）に親しんできたが、これは品切れになって久しい。現在は、二宮フサ訳『ラ・ロシュフコー箴言集』が岩波文庫に収録されている。なお、2019年には講談社学術文庫から武藤剛史訳が刊行された。

コラム 読んでいない本について語る

　『読んでいない本について堂々と語る方法』という本がある。実はこの本自体、まだ読んだことがないのだが、それはさておき、私がまだ読んでいない本はエスペラント関係に限ってもそれこそ無数にある。とりわけ詩を読みたいのだが、難しすぎて私などには歯が立たない。が、ここで図々しく一冊あげるとするなら、20世紀イタリアを代表する詩人であるジュゼッペ・ウンガレッティの全詩集のエスペラント訳だろうか（Giuseppe Ungaretti "Vivo de Homo－Ĉiuj poemaroj" Itala Esperanto-Federacio, 2017）。

　2012年から14年にかけて、ペルージャ外国人大学でイタリア語を勉強していたとき、彼の全詩集 "Vita d'un uomo"（Oscar Mondadori, 2011）を買い、読もうと思ったのだが、いかんせん、やっとB2の試験には受かったものの、C1の授業に歯が立たなくて遁走した還暦の老学生には手に負えるしろものではなかった。帰国後、上記のエスペラント訳を手に入れ、また河島英昭による全訳（『ウンガレッティ全詩集』筑摩書房、1988。のち2018年、岩波文庫に収録）もそろえて、さあ三者を比較しつつ読もう、と思い立った。のだが、思い立ったきりで、ちっとも進まずに現在に至っている。たまに一、二編ずつ拾い読みしているので、厳密には全く読んでいないとはいえないが、全貌を知るにはほど遠い。

　"Il dolore"（『悲しみ』）という第3詩集については、それでも多少読んではいた。彼が9歳の長男に先立たれた慟哭をつづった詩と、それに先立つ2年前の兄の死をうたった詩が中心をなしており、私も同じ経験があるので、わが子に先立たれた作

者の悲しみは手に取るようにわかるような気がした。そのエスペラント訳 "La doloro"（La Nuova Frontiera, 1975）も、いつ入手したのかわからないが手元にあって、今取り出してみると、全訳と同じく Nicolino Rossi が訳している。「来る日も来る日も」と題された17編の短い詩（原題は、"Giorno per giorno 1940〜1946"、エスペラント訳は "Tagon post tago 1940〜1946"）に改めて目を通していると、過去のことどもが次から次へと思い出される。その一節を引用しておこう（日本語訳については、河島訳ではなく須賀敦子訳から引用した。『イタリアの詩人たち』青土社、1998、p66）

Mai, non saprete mai come m'illumina
L'ombra che mi si pone a lato, timida,
Quando non spero più ...

Neniam scias vi, kiel prilumas
Min l'ombro, kiu min, timida, flankas,
Kiam mi senesperas ...

君たちにわかるものか 絶対にわかるものか
おずおずと ぼくのそばに来てくれる あの影のはてしない あかるさを
もう あきらめているときに 不意に ...

奇妙な風景

<blockquote>
第3章
エスペラントの
歴史を散策する
</blockquote>

ブレジネフ時代のエスペラント運動

Mikaelo Bronŝtejn
"Legendoj pri SEJM"
Impeto, 1992, 111p

"Oni ne pafas en Jamburg"
Impeto, 1993, 132p

　ソ連が解体して、ロシアは今［1995年］どういう状態にあるのだろうか。この点に関して例えばある論者は、ロシアの現状を、多数の国民の犠牲の上に少数の特権的階層のために資本主義化が強行されている「ノメンクラトゥーラ資本主義」であると規定している。民衆は結局、旧体制を転覆するために、そのときだけ「動員」されたにすぎなかった、というのである。真実なのかもしれないが、非常に苦い認識である。

　一昨年［1993年］の秋、ロシアから来たエスペランティストを拙宅に泊めたことがある。彼の職業は大学教授であったが、副業で音楽プロダクションのようなことをやっていて、たまたま私が当時、劇場に関係のある仕事についていることを知るや、売り込みの話ばかりしたものだった。何という人物かとそのときは感じたが、労働者同様、知識人も生活が大変なのかなあと今となっては思われる。

　ただ、仮にそうだとしても、その反面、"Moskva Gazeto" 誌などをめくっていると、エスペラント運動は旧体制下での抑圧から解放されて活況を呈しているようにも思われる。また、ロシアにおける出版の状況についてみても、さしあたり目にとまった本をあげると、Progreso から、ヴァランキン『地下鉄』、リンス『危険な言語』第2版、ドレーゼン『世界語の歴史』第4版、年報 "Impeto"、絵入りロシア革命史3巻などが出版されており、特に最後のは造本も悪くない。また、Fenikso からは、『ウラジーミル・ヴァランキンの生と死』という、ヴァランキンに対する粛清を研究し

た本が出ている。Sezonoj からは、チェーホフの短編小説集、ドストエフスキー『罪と罰』、ツルゲーネフ『初恋』、ブルガーコフ『巨匠とマルガリータ』、スターリンの言語学論文などのエスペラント訳が出ている。これだけで出版の全体的傾向を推し量ることはできないが、復刻も多いとはいえ、ペレストロイカを経てエスペラント運動史を同時代史のなかで再検討しようとする気運が目立つように思われるのである。

　さて、前置きが長くなったが、今回取り上げるのは、ロシアのエスペランティスト、ミカエロ・ブロンシュテイン（Mikaelo Bron-ŝtejn）の 2 冊の著作である。すなわち、（1）"Legendoj pri SEJM"（1992）と、（2）"Oni ne pafas en Jamburg"（1993）で、（1）は回想であり、（2）は小説である。両方を合わせて読むと、1970 年代、ブレジネフ体制下の停滞と腐敗の時代におけるソ連のエスペラント運動のありさまについて、具体的なイメージを思い描くことができる。

　著者は1949 年にウクライナに生まれた。日本風にいえば団塊の世代というところであろうか。彼は、1965 年/66 年に創立されたソヴィエト・エスペランティスト青年運動（SEJM: Sovetia Esper-antista Junulara Movado）の中心的な人物であり、さきの "Mosk-va Gazeto" のリーダーである。また、バールド（吟遊詩人）として風刺的な歌をつくり、それはサミズダート（地下出版）で広まり流行したという。

　ブレジネフ時代において、エスペラント運動は国家による外国との接触や情報の独占を掘り崩すものだった。従って、それは硬直化した官僚主義からすれば本質的に異論的な存在であり、スターリン時代とは違って粛清の対象にこそならなかったものの、つねに警戒と不信の目で見られていた。だから、エスペランティストは、世界エスペラント大会に出席することさえ大変であった。当局の許可がない限りそもそも出国ができないのである。著者が初めて参加したのは1978 年のブルガリアのヴァルナでの世界大会であっ

たが、（1）では、著者が当局の妨害をいかにかいくぐって大会に参加したか、お目付け役を出し抜いてエスペランティストといかに交流したかが述べられており、官僚制の硬直性、愚劣さが痛快に批判されている。

　他方、（2）であるが、これはそうしたソ連のエスペラント運動を小説という形式により描いたものである。運動をめぐる小説というと、何となくクサそうで、想像がつくような気もするが、その運動が他ならぬ社会主義のもとでのそれであるから、面白い。

　主人公は、ソルジェニーツィンの小説『イワン・デニーソヴィチの１日』（これは1962年に文芸誌『ノーヴィ・ミール』に発表された）を、いわゆる異論派の教師に教えられて密かに読んだりする。その教師はやがて亡命する。そうしたエピソードがあるかと思えば、いかにも青年の運動らしい熱中と高揚もある。主人公の女友達が自殺したりするなど、エピソードにも富み、ふつうの小説としても面白い。

　というようなことを、乏しい知識の範囲でおぼつかなく書いてきたが、本当のところ、そういったソ連及びロシアにおけるエスペラント運動の状況を、ロシアに詳しい人で誰か教えてくれるとありがたい。

（センター通信 第183号 1995年6月）

　（追記）

　この文章は、ブロンシュテインの２冊の著書の紹介にあわせて、ソ連崩壊から数年後のロシアの出版状況をスケッチ風に描いたものである。今となっては特筆すべき情報は含まれていないものの、日本の一エスペランティストが当時のロシアのエスペラント運動の状況について、乏しい資料をもとに手探りで書いた記録として収録しておくこととした。

大粛清とエスペランティストたちの運命

Mikaelo Bronŝtejn
"Mi stelojn jungis al revado"

Impeto, 2016, 564p

　エスペラントと関わりがあるというだけの理由で、いつなんどき秘密警察がやってきて逮捕されるかもしれない。ふつうの市民がそんな恐怖のなかで身をすくめて生きざるを得なかった時代があった。1930年代のソ連である。本書は、ロシア革命当初は希望と高揚感に満ちていたエスペランティストたちが、スターリン主義の確立とともに、次第に恐怖と絶望の淵に突き落とされてゆく過程を息詰まる迫力で描き出した小説である。

　主要な登場人物は、1917年のロシア革命から1937年の大粛清にかけてソ連で暮らしていた5人の男女である。彼らの生まれはシベリア、ウクライナ、ラトヴィア、フランス等とさまざまで、職業も農民、工場労働者、教師、軍人、ジャーナリストと多様であった。共通点は、1926年にレニングラードで開催された第6回SAT（Sennacieca Asocio Tutmonda）大会に参加したことで、それ以後、彼らはそれぞれ苦難に満ちた人生を歩むことになる。また、その過程で彼らの生の軌跡は複雑に交錯してゆく。壮大な構想のもとに語られた564ページに及ぶ大作である。

　他方で、歴史に残る実在の人物も登場する。レーニン、スターリン、トロツキーなどの革命家、政治家のほか、著名なエスペランティストのドレーゼン、ランティ、秋田雨雀、ミハルスキなど多彩である（ちなみに、各章の扉にはミハルスキの詩が引用されている。表題も彼の詩の一節に由来する。ただし、原詩（1921）では "Mi stelojn jungos al revado" と未来形であったものが、表題では "Mi stelojn jungis al revado" と過去形に改められている）。

とりわけ、影の主人公ともいうべき存在がドレーゼンである。彼は革命直後に、かつての「ブルジョア」エスペランティストたちを追放し、共産党組織にならった組織　SEU（Sovetrespublikara Esperantista Unio）を立ち上げ、さらにはアナキストや SAT一派を追放して、組織の頂点に君臨した。表紙には、いかにも聡明そうではあるが、不吉な印象をも与える若きドレーゼンの写真が使われている。

　作中では、ネップ、農業集団化、飢餓、キーロフ暗殺事件、大粛清など、物語の背景をなす同時代の大事件について、登場人物たちが不安げに噂話を交わす。やがて1937年に大粛清が勃発するとともに、登場人物のある者は逮捕され、拷問のあげく処刑される。ドレーゼン自身もトロツキストとして逮捕されるが、処刑前夜に獄中で自らがなしたことの意味をめぐって自問自答するシーンは緊迫感に満ちている。からくも生き延びた者もいるが、彼らも内面に消えない傷を負うことになる。

　その他にも本書はさまざまなエピソードに満ちており、とりわけ登場人物たちの職業生活、家庭生活が仔細に描き出されていて興味が尽きない。ある者は、ユダヤ人たちがクリミアに設立したコミュニティ（キブツ）に移住し、さらにパレスチナに移住する。また、ある者は軍人として中央アジアに派遣され、バスマチ（ムスリム住民による反ソヴィエトの武力闘争）と戦ったのち、スペイン市民戦争に軍事顧問として派遣され、将軍マンガーダとともに人民戦線側に立ってフランコ軍と戦う。そうしてフランス共産党の機関紙「ユマニテ」の特派員として派遣された女性と再会し、恋に陥る、などなど。モスクワ、レニングラード、パリ、マドリッド、クリミア、パレスチナ、中央アジアと舞台も多岐にわたっている。

　ところで、スターリン主義体制下におけるエスペラント運動に対する弾圧を扱った著作としては、先ごろ改訂版が刊行された

Ulrich Lins の "La danĝera lingvo"（2016）が直ちに思い浮かぶ。また、E. Borsboom の "Vivo de Lanti"（1976）は、ソ連における SAT と SEU との確執を扱っている（私事ながら、30 年以上も前、同書を故坪田幸紀氏と毎週少しずつ読んだことが思い出される）。これらは、スターリン主義体制がすでに過去のものとなった時代に書かれた歴史書である。しかし、まさに同時代を生きていた人物にしてみれば、時代の趨勢は混沌として見通しがたかっただろう。とはいえ、彼らが当時どのように感じ、考えていたかを知ろうとしても、歴史書からは必ずしもその内面は伝わってこない。その意味では、本書はフィクションであり「事実」そのものではないとはいえ、文学的想像力を駆使しつつ同時代を生きた人びとの体験や内面に肉薄していて、スターリン時代の歴史の立体的な理解のためには極めて有益であろう。また、各所に当時のエスペラントやロシア語などの雑誌記事が引用されていて、現在進行中の出来事が当時どのように報道されていたかを知ることができる。

　作者はこの作品を完成するために 20 年以上の歳月を費やしたという。簡単に読み通せる作品ではなく、この小文も上っ面をなでたにすぎないが、数週間あるいは数か月を費やす覚悟で、その作品世界に浸るならば、必ずや忘れがたい読書体験になるだろう。

（La Movado 2017 年 5 月号）

　（追記）

　表題のもととなっているミハルスキの詩は、William Auld 編の Eŭgeno Miĥalski 著 "Plena Poemaro"（Flandra Esperanto-Ligo, 1994) に収録されている（p.55）。

"Mi stelojn jungis al revado"

忘れられた作家たち

Mikaelo Bronŝtejn
"Sortoj frakasitaj"

Impeto, 2017, 49p

　1937年から1938年にかけてのソ連の大粛清の過程で、多くのエスペランティストが逮捕され、ある者は死刑となり、あるいは拷問によって殺された。また、収容所送りとなって、そこで死んだ者も多かった。これらの犠牲者の正確な数は知りようがない。現代ロシアの著名なエスペランティストである著者は、そうした犠牲者のうちでも特に粛清に倒れた才能あるエスペラント作家たちを哀惜して、資料を博捜して彼らの小さな肖像画を描いた。それが本書である。彼らは生きていれば、エスペラント文学史に正当な場所を与えられていたであろうが、それがかなうことはなかった。著者の努力を通して、今は忘れられた人物たちの人生が歴史の闇の中から浮かび上がり、読むほどに時代の雰囲気が伝わってくる。

　著者は本書に先立つ2016年に "Mi stelojn jungis al revado" と題する長編小説を刊行している。同書は、1926年のレニングラードの SAT 大会に参加した各国のエスペランティストがその後にたどった運命を描いた作品であり、とりわけ1937年から38年にかけての大粛清の過程で彼らが殺され、あるいはからくも生き延びる過程は息づまる迫力に満ちている。本書 "Sortoj frakasitaj" は、著者がこの小説を執筆する過程で集めた資料のうち、結果的に小説で取り上げることができなかったものを収録しており、小説の logika suplemento だと述べている。両方をあわせて読めば一層興味深い。

　さて、本書の主な登場人物の民族的出自は、多民族国家ソ連にふさわしく、ベラルーシ人、ロシア人、ユダヤ人、タタール人、ウ

クライナ人、ポーランド人と多岐にわたる。早世した2人のタタール人を除く6人（1881年から1904年生まれ）のうち、4人は1937年に処刑され、1人は1943年に収容所で死に、1人は戦後まで生き延びたが、二度とエスペラントに関わることはなかった。

　本書で取り上げられた人物たちの多くは、IAREV（Internacia Asocio de Revoluciaj Esperanto-Verkistoj）に加盟していて、他のエスペランティスト同様、当時のソ連社会主義に対する忠実な支持者であり、それに対する批判ゆえに粛清されたわけではない。著者は、そのヨーロッパ側の同志であったオノレ・ブルギニョン Honoré Bourguignon の伝記（彼の息子が書いたもの）を読むことを薦めており、同書には、ヨーロッパから見たソ連の運動や弾圧が描かれていて興味深い。なお、ブルギニョンはゲシュタポに捕らえられ、ダッハウの強制収容所で死んだ。ヨーロッパとソ連の双方でエスペランティストたちが直面した過酷な運命をうかがわせる。

　最後に、三つほど感想を記しておく。一つは、粛清されたエスペランティストの家族の運命である。本書に登場する Elio Izgur の娘 Dilio もエスペラントを学び、日本で刊行された『プロレタリア・エスペラント講座　第5巻』に彼女の手紙が掲載されている（菊島和子氏の指摘による）。父が銃殺された後、娘や家族たちがたどった運命は杳として知れないが、最もましな場合でもシベリア送りだろうと著者は述べていて、そうした記述に私は冷静な歴史記述を超えた、犠牲者とその家族に対する著者の哀惜の念を感じた。

　もう一つ。ウクライナの著名な作家でありエスペランティストでもあった Kuzmiĉ は、後世の歴史家から、他のエスペランティストに罪を着せたことによりエスペラント運動の壊滅を招いた裏切者だと非難されている。著者はこれに反論して、過酷な尋問の際に彼

を襲った絶望を想像しており、著者の文学的な想像力の働きを感じた。"Mi stelojn jungis al revado" でも、拷問のくだりやドレーゼンの処刑前夜の苦悶を描いた記述には非常な迫力が感じられるが、それと同様の感銘を受けた。

　三つ目は、ソ連と日本との関わりである。上記のほかにも日本との関わりに関するエピソードは紹介されていて、それは劇作家の秋田雨雀（1883〜1962）が1927年に十月革命の10周年記念に訪ソした折に、ミンスク（ベラルーシ）に滞在し、当地のエスペランティストたちに会ったことである。本書には彼が6人の同志たちと写っている写真が掲載されている。彼らのうち2人は1937年に銃殺され、1人は同年に自殺し、2人は投獄されるなど過酷な運命をたどった。後年の秋田はその事実を知っただろうか。

（La Movado 2019年8月号）

記憶の底から蘇るエスペランティストたち

Ed Borsboom

"Kie miozotas memor'"

Internacia Esperanto-Instituto, 2017, 165p

　本書の著者のEd Borsboomという名前を見て、私は30数年前に故坪田幸紀氏と一緒に読んだ "Vivo de Lanti"（SAT, 1976）の著者であることには気がついたが、それ以上のことは全く知らなかった。本書の紹介によれば、著者は1936年オランダ生まれで、1951年以来のエスペランティストである。本書は彼の手になる人物エッセイを集めた本で、有名無名の32人のエスペランティストについて、さまざまな雑誌に発表された追悼文やインタビューなどの短い文章を収録している。B6判よりもやや小さい判型、165ページのつつましい小冊子で、発行部数はわずか220部だが、それぞれの人物にまつわるエピソードを取り上げ、その人となりと時代のありようを照らし出す筆の冴えは見事である。私などの手に余る本ではあるが、恐る恐る紹介を試みたい。

　著者は本書で、カロチャイ、トンキン、ボールトン、ヴァランギャン、ランティなど、著名なエスペランティストについても取り上げている。カロロ・ピッチュ、エリ・ウルバノーヴァの小説の分析もある。藤本達生・ますみ夫妻やいとうかんじさんもチラッと登場してくる。また、著者はアンドレオ・チェとの関わりが深いので、彼についてしばしば言及がある。チェは、エスペラントの直接教授法、いわゆるチェ・メトードを創出し、長くオランダに住み、本書の出版元でもあるIEI (Internacia Esperanto-Instituto) の指導者だった人物である（なお、著者にはチェの伝記 "Vivo de Andreo Cseh"（IEI, 2003）もある）。

　内容について少し紹介しよう。例えばドレーゼンの複雑な人格

について、著者は具体的なエピソードや人物評を引用しつつ淡々と描いていて面白い。1927年に自由都市ダンツィヒ（現グダニスク）で行われた世界エスペラント大会で、ワルシャワのザメンホフの墓や旧居を訪ねる遠足が行われた。そのとき、著者が後年チェから聞いた話として、他の参加者は三等車に乗っていたのに、「同志」ドレーゼンだけはひとり一等車に乗り、しかも黄色い手袋をはめていたという。また、Walter Kampfrad という人物は、著者とのインタビューで、ドレーゼンはブルジョア的で、裏切者だったと評しているそうである。もっとも、この人物は、戦前はEKRELO (Eldon-Kooperativo por Revolucia Esperanto-Literaturo) の創立者としてマルクス主義やソ連に関するエスペラントの出版物を刊行したが、戦後は社会主義東ドイツで検察官として体制側のエリートになり、エスペラントからは遠ざかったのだが（なお、彼あてに、エスペラントを高く評価する草稿が届いていて、その差出人が学生時代のブランケだったというエピソードも紹介されている）。

　もっとも、本書はそうした、いわばオーブリー流のエスペラント版『名士小伝』というわけではない。むしろ著者には、無名の人たち、没後は忘れられた人たちを忘却から救いたいという強い意図があり、とりわけチェ・メトードに基づいて世界各地で精力的にエスペラントを教えた人たちのことを感慨深く回想している。エスペラントに熱心なあまりチェらとの確執を生じて破門され、やがて急死した女性（彼女は eminenta nekonato と評されている）。オデュッセウスのごとく世界各地を放浪して（odisee vagante）エスペラントを教え、その没年も定かでない男性。そうした世間的には恵まれなかった情熱的なエスペランティストたちの人生を、著者は残された書簡などに基づいて丁寧にたどっている。また、父親が抵抗運動に関わって殺され、母親がワルシャワ蜂起のなかで死亡したポーランドの女性も登場する。彼女は60歳でエスペラントを

学び、その後20年にわたり世界各地でエスペラントを教えたという。

　以上の紹介からも見当がつくとおり、本書で取り上げられた人たちの多くは、第一次世界大戦から戦間期を経て第二次世界大戦に至る激動の時代に多難な人生を送っている。ソ連のドレーゼン、ヴァランキン、ミハルスキらは、大粛清のさなかの1937年に殺された。また、著者が住むオランダも、第二次世界大戦開戦の翌年の1940年5月、ドイツ軍に宣戦布告なしに侵攻され、それから5年にわたって占領下に置かれ、エスペラントは「危険な言語」として弾圧された。オランダのエスペランティスト Leendert Deij は、労働者エスペラント運動の同志だったユダヤ人の男性がアウシュヴィッツへ送られ、殺害されたのを見殺しにしたことへの痛みを持ち続け、戦後、"Al la juda foririnto" という名高い詩を書いた。この詩は "Esperanta Antologio" にも収録されている（同書に作者が Lodewijk Cornelis Deij とあるのは誤りだとのこと）が、本書でこの詩の作者に出会って、私は深い感動を覚えた。

　あるエスペランティストは、「エスペラントを知ったことが私の人生の一里塚となった」「エスペラントは私の人生を変えた」と述懐していて感慨深い。なお、本書のいかにも詩的な書名は、ミハルスキの詩 El Ciklo "Frenezo" VI の一節からとられており、miozoto はワスレナグサのことである。文字どおり neforgesumino とも呼ばれる。PIV (Plena Ilustrita Vortaro) の miozoto の項には、populara simbolo de fidela neforgeso という説明がある。また、本書はウルリッヒ・リンス氏に捧げられている。

（La Movado 2018年7月号）

"Kie miozotas memor"

第一次世界大戦とエスペラント

Red. Javier Alcalde kaj José Salguero

"Antaŭ unu jarcento – La granda milito kaj Esperanto"

SAT eldona fako kooperativa, 2018, 375p

　本書のサブタイトルにある La granda milito（大戦争）は、英仏を中心とした第一次世界大戦の別称であるが、その呼び方自体、日本ではまだなじみが少ない。しかし、その名のとおり、大戦は当時の人々に大きな衝撃を与え、ドイツ、ロシア、ハプスブルク、オスマンの各帝国は解体し、ロシアでは革命の結果、社会主義政権が成立した。大戦はまたエスペラント運動にも大きな影響を与えた。終戦から百年が経過した今、両者の関わりを多面的に検証しようとした労作が本書である。

　本書の第一部「戦争」では、本書全体に関わる総括的な論文、大戦をめぐる記事、論文が、第二部「戦争とエスペラント」では、大戦とエスペラントとの関わりをめぐる文書が、第三部「個人的回想」では、6名のエスペランティストが語るパーソナル・ヒストリーがそれぞれ収録されている。

　本書は、一人あるいは数人の研究者による見通しの利いた歴史記述ではなく、同時代人の書き残した記録や回想、現代の研究者による論文等々、1ページの記事から120ページ近い長大な手記まで、性質も量も異なるテキストを収録している。編者は本書の性格をモザイクと形容しているが、そのことは、予め全体のデザイン、特定の観点からの評価が前提されていて、それに合うように個々のテキストをはめ込んだことを意味しているわけではない。むしろ、大戦とエスペラントとの関わりという巨大なテーマについて、可能な限り多面的な角度から照射しようとしているように思われる。

　本書では、ザメンホフ、ランティ、ソロス、バギーという著名なエスペランティストたちがどのように大戦に対処したかも紹介している。パリで開催予定だった第 10 回世界エスペラント大会は、1914 年 8 月 2 日、大戦の勃発により急遽中止となり、大会に参加しようとしていたエスペランティストたちは大混乱に陥った。ザメンホフもまた深い失意を抱いてワルシャワに戻り、1917 年 4 月14日に、翌年11月11日の終戦を待つことなく死去した。本書はプリヴァの有名な伝記（Edmond Privat "Vivo de Zamenhof"）から晩年のザメンホフの生活と思想を論じたくだりを、そして、民族差別の撤廃を力説する「外交官への呼びかけ」を収録していて、今も新鮮である。

　ランティは、大戦中は北フランスで野戦病院の衛生兵を務めていた（本書の表紙に当時の彼の写真が掲載されている）。本書には、大戦中の日記（未公表）の一部が収録され、ナショナリズムが吹き荒れるなかでの彼の反骨ぶりをうかがうことができる。彼は 1921年、SAT（Sennacieca Asocio Tutmonda）を創立し、やがてソ連社会主義の鋭い批判者になるが、そうした姿勢の萌芽がすでに感じられる。

　ソロスとバギーは、シベリアで長らく捕虜として過ごした。本書では、捕虜収容所からの脱走をテーマとするソロスの小説『現代のロビンソン』（Tivadar Soros "Modernaj Robinzonoj"）を中心に、トンキンが両者の文学のあり方を論じている。彼らは戦後、雑誌 "Literatura Mondo" を創刊し、エスペラント文学の新たな地平を切り開くことになる。

　その他、エスペラントによる戦争プロパガンダ、捕虜の処遇、UEA を通じての献身的な捕虜救援活動などに関する記録もある。また、ドイツ、フランス、イギリスなどの捕虜収容所で盛んだったエスペラントの講習の実態に関する詳細な報告もある。アジアにつ

"Antaŭ unu jarcento — La granda milito kaj Esperanto"

いては、日本・中国・韓国の共同研究に基づく歴史記述（"Historio por malfermi estontecon"）の一部が収録されていて、日本が東アジアにおけるドイツの権益を奪取しようと参戦し、それに反発して5・4運動や3・1独立運動が勃発する経緯が述べられている。

　本書は容易に読み尽くせる本ではない。ただ、そもそも同時代人にとって戦争の帰趨は見当もつかず、現実は混沌そのものだった。そうした彼らの戦争体験に思いをはせながら本書を読むと、さまざまな想像をかき立てられる。特に第三部の回想では、庶民たちが20世紀の激動の時代をどう生きたかを語っていて興味が尽きない（ブロンシュテインも登場し、知人について語っている）。

　編者の Javier Alcalde は、1978年、バルセロナ生まれの若手の政治学者であり、2018年に行われた第103回世界エスペラント大会（リスボン）の大会テーマの決定に関わった。彼の論文「平和への努力－エスペラントの実践的国際主義」は、フェミニズム、キリスト教的エキュメニズム、兵役拒否などの運動とエスペラントとの密接な関わりを論じて深い感銘を与える。彼は論文の結びで、大戦はエスペラントの理念に大きな打撃を与えたが、その後の戦間期には、国際連盟やプロレタリア運動などで新たな隆盛をもたらしたと指摘している。それについて論じることは彼の言うとおり別の物語であるが、その後の展開を思い浮かべつつ本書を読めば一層興味が増すだろうと思う。

（La Movado 2018年11月号）

語るアンドレオ・チェ

Ed Borsboom（*editoris*）

"Vortoj de Andreo Cseh"

Artur E. Iltis, 1984, 210p

　例えば、こんなエピソードがある。

　あるエスペランティストがいて、ブローニュ大会（1905）でひとりの女性と会って、ジュネーヴ大会（1906）で彼女と話し、ケンブリッジ大会（1907）で愛するようになり、ドレスデン大会（1908）で結婚を申し込み、バルセロナ大会（1909）で婚約し、ワシントン大会（1910）へ新婚旅行に出掛けた、そうである。ずいぶん気の長い話で、相手の女性もさぞやじれったかっただろうという気もするが、いかにも古き良き時代のエピソードではある。なお、その女性はローマ大会（1935）の間に亡くなった、ということである。

　この話は、"Vortoj de Andreo Cseh"という本に紹介されている。Ed Borsboom が編集した本書には、エスペラントにまつわるこういった話がいっぱい詰まっていて、読者を楽しませてくれる。とりわけ、初期の活動家たちの奮闘のありさまは、滑稽でしかも感動的である。

　チェは、チェ・メトードと呼ばれるエスペラントの直接教授法を創出した人物としてその名を残している。彼は1929年から数年間オランダにあったが、新聞からの依頼で、1935年から1936年にかけてエスペラントについてのコラムを、それもエスペラントで毎週連載した。連載は60回に及んだが、それらを一冊にまとめたのが本書である。

　この本の見どころはいろいろあろう。何よりも一般読者を対象にエスペラントの宣伝、普及のために書かれたものであるから、

話題はエスペラント運動全般にわたり、当時の運動の状況を知ることができる。また、非常に平易な文章で書かれているから、エスペラントに慣れるための読物としても好適だろう。

　ところで、当時、ドイツではナチスが政権を掌握し、世界は戦争への道を歩みつつあったが、そうした同時代の状況に対するストレートな言及は意外に少ない。それは、著者があくまでこのコラムを啓蒙、宣伝の場と考え、直接的な政治的発言を禁欲したせいなのかもしれない。しかし、ドイツでのエスペラント運動に対する弾圧については、強い調子でこれを批判しており、そこから困難な当時の状況をうかがうことができる。

　今読むと、正直なところ、あまりに高い調子で理想が説かれているのに対し、多少の違和感を感じないわけにはいかない。なんと楽観的であることよ、という気がするのである。それは、われわれがすでに 30 年代のもたらした帰結や、それに対して理想がいかに無力であったかを知っているからである。しかし、これもまた正直なところであるが、それにもかかわらず、著者の説くところに共感をもまた禁じ得ないのである。つまるところ、だからこそ私は依然としてエスペラント界の末席を汚し続けているのであろう。

（La Movado 1985 年 7 月号）

　（追記）

　本書の編者である Ed Borsboom は、2003 年にチェの浩瀚な伝記を刊行した（"Vivo de Andreo Cseh", Internacia Esperanto-Instituto）。

ハイネとザメンホフ

Heinrich Heine; L. L. Zamenhof (tradukis)

"La rabeno de Baĥaraĥ"

Artur E. Iltis (represis), 1984, 47p

　ユダヤ人問題というのは、ザメンホフの思想や、ひろくいってヨーロッパ思想史を考える際に、どうしても避けて通れない問題であることはいうまでもない。しかしそれはきわめてヨーロッパ的な現象であるため、われわれにはついに理解できないのではないか。ユダヤ人問題に関する本を読むたび、いつもそういう感じにおそわれる。

　もっとも、文学作品の場合は、そこに描かれた具体的内容によって、いくらかでもそれに実感的に接近する手がかりを与えてくれるようにも思われる。そのようなものとして、I. B. シンガー[1] やアレイヘム[2] などの小説に私もいくらかなじんではきた。ハイネ（1797～1856）の小説『バッヘラッハのラビ』もまた、そのような意味で興味深い作品である。そうして、ハイネの作品中「ユダヤ色の最も濃厚な作品」とされるこの作品をエスペラントに訳したザメンホフの内面もまた、われわれの関心を大いに刺激する。

　まず簡単に書誌的事項について触れておこう。ハイネがこの小説の執筆に着手したのは1824年、未完のままに発表したのは1840年のことである。他方、エスペラント訳は初め1914年に "La Revuo" 誌に５回連載され、ザメンホフ没後の1924年に、アレイヘムの

　1　アイザック・バシェヴィス・シンガー（1902～1991）イディッシュ語作家。1978年ノーベル文学賞。

　2　ショーレム・アレイヘム（1859～1916）ウクライナ出身のイディッシュ語作家。ザメンホフ訳 "La Gimnazio" の原作者。

『ギムナジウム』とともに単行本として Esperantista Centra Librejo から刊行された。1984年にその復刻版*3 が出版され、さらに、その翌年にはハウペンタールによる新訳*4 が出ている。

　本書はいたるところにユダヤ教的表象がみちみちていて、簡単な要約を許さないが、あえてあらすじを紹介しておくと次のようである。

　ときは15世紀の終わりごろ、過越の祭*5 の夜、ラビ*6 がハガダー*7 を読んでいると見知らぬ2人の男が入ってくる。ラビはテーブルの下に幼児の死体があるのに気がつく。彼らは実はキリスト教徒であって、ユダヤ人に「儀式殺人」の罪をかぶせ、虐殺して財産を略奪しようという魂胆だったのだ。ラビは妻とともにからくもその場を逃れ、小舟でフランクフルトへとたどり着き（第1章）、そこのゲットーを訪れる。ゲットーの門の外側には反ユダヤ主義者ハンスがいて、グロテスクな歌をうたう。内側ではユダヤ人ナーゼンシュテルンが「俺はこわいんだ」と叫ぶ（第2章）。さらにラビ夫妻は改宗したユダヤ人に出会うが、彼はラビの旧友だった（第3章）。その後の物語の展開への予感をはらみながら、この小説は3章で中断している。

　ハイネについての研究をのぞいてみると、この小説の第1章と2、3章との間に15年間の断絶があること、その間にハイネのプロテスタンティズムへの改宗がなされていることが指摘されている

---

　3 "La rabeno de Baĥaraĥ" (Artur E. Iltis, 1984).

　4 "Rabeno de Bacherach" (R. Haupenthal 訳、Heinrich-Heine-Gesellschaft, 1985).

　5 ユダヤ教の祭。

　6 ユダヤにおける宗教的指導者。

　7 過越の晩餐で読む祈祷文。

（山下肇『近代ドイツ・ユダヤ精神史研究』有信堂高文社、1980、キルヒャー『ハイネとユダヤ主義』みすず書房、1982）。

　ところで、ザメンホフはどのような意図でこの小説を翻訳したのか。彼がそれをどこかで語っているのかどうか、私は寡聞にして知らない。しかし、何よりもまず、この作品におけるユダヤ人への差別、迫害に対する告発が、ユダヤ人たる彼の共感を呼んだのであろう。ポグロムは、そして反ユダヤ主義は、遠い中世のできごとなのではなく、まさにザメンホフの同時代のできごとなのであった。

　ちなみに、1819 年には「ヘップヘップ」のポグロム*8 が、また1840年 にはダマスクスで「儀式殺人」のユダヤ人迫害*9 が発生しており、これが『バッヘラッハのラビ』発表の直接の契機となっている（山下前掲書）。ザメンホフの同時代にも、1906 年にはロシアでポグロムが頻発している（そして、ザメンホフの死後には、周知のとおり「アウシュヴィッツ」の悲劇が起きた）。その意味で「反ユダヤ主義」は、まさに幾度となく繰り返される「反復のリアリティ」（山下前掲書）そのものだったのである。『バッヘラッハのラビ』は、そうしたユダヤ人迫害のいわば「原型」を生々しく描き出しており、それがザメンホフにこの作品の翻訳を思い立たせたのであろう。

　ところで、この小説を訳しているのは、シオニズム運動に熱中していた頃の青年ザメンホフではなく、それから脱却し、経験も積み、人生の辛酸をもなめてきた、それなりにしたたかな晩年のザメンホフである。してみれば、これは全くの想像ではあるけれども、

---

　8 1819年ドイツのバイエルンを中心に起こったユダヤ人排斥暴動。暴徒が "Hep Hep" と叫びながらユダヤ人の商店を略奪した。

　9 1840年、オスマン帝国の支配下にあったシリアのダマスクスにおいて発生したユダヤ人による儀式殺人に対する冤罪事件。

この小説でのハイネのユダヤ人に対するアイロニーに満ちた姿勢
（例えば前出のナーゼンシュテルンの描き方のごとき）にも彼とし
ては案外共感するところがあったのかもしれない。ハイネは、ザメ
ンホフ同様、同化ユダヤ人の子として生まれ、啓蒙的雰囲気のなか
で育ち、長じて初めてユダヤ人たることに目覚め、キリスト教に
改宗したものの、ユーデントゥム*10 との対決は彼にとって一生の
課題となった。前述のように長い中断を間にはさむ『バッヘラッ
ハのラビ』にはそうした思想的変化が反映されており、それがこ
の小説を複雑、重層的なものにしている。ザメンホフはもちろんこ
の小説の成立史は知るよしもなかったであろう。それでも、この
作品を読めばハイネのアイロニカルな側面は見てとれるのであり、
それをザメンホフはどう考えていたのか、気になるところである。

> （La Movado 1988年9月号）（のち、『エスペラント運動
> を考える』日本エスペラント図書刊行会、2016に再録）

　（追記）
　脚注は、『エスペラント運動を考える』に再録されるにあたっ
て、編者の峰芳隆氏が付されたものである。

---

10 Judentum（ドイツ語）：ユダヤ教。

STAFETO 創立者の軌跡

Juan Régulo Pérez
"Rikolto"

Fonto, 1992, 608p

　ホァン・レグロ＝ペレス(Juan Régulo Pérez)が今年［1993年］
1月になくなった。カナリア諸島と結びついた "Stafeto" の名前は、
エスペラントによる出版に関心を持つ者にとっては伝説的な存在
であったし、そこから出版された本も書架にずいぶんあるが、そ
れを主宰していた人物の伝記的な事実の詳細は、怠慢であまり承
知していなかった。しかし、最近刊行された彼の "Rikolto" (Fonto,
1992) だとか "esperanto" 誌3月号の追悼特集などを読むに及ん
で、いくらか彼の生涯を知ることができた。そこで、まずはその
簡単な紹介から始めたい（以下紙幅の都合で出典、引用ページ等
は省略する）。

　彼はスペインのカナリア諸島に、文盲の貧しい農民の子として
生まれた。カナリア諸島は「周縁」の地ではあるが、しかし、さ
まざまな文化が交錯する地でもあり、彼によれば「世界の十字路
のひとつ」であった。そうした場所に生まれたことが、彼がエス
ペラント運動に参加し、やがて出版という方法を通じてこれに関
わろうと決意したことにどう影響しているのか、興味深い。ほか
ならぬザメンホフが、ポーランド生れで、しかもユダヤ人であった
という二重の周縁性を帯びていたことが想起される。

　彼の生年は1914年である。これは例えば1913年生まれの宮本正
男とほぼ同世代であり、ファシズムとスターリニズムの1930年代
に思想形成を余儀なくされた世代である。彼は、はじめ小学校の
教師となったが、スペイン市民戦争が始まるや免職され、やがて
3年間も強制収容所に収容されることになる。

1941年、彼は大学に進み、やがてラ・ラグーナ大学で教職に就くことができた。とはいえ、戦後もフランコ体制下で、市民権が制約されるなど辛酸をなめた。エスペラント運動でも、1953年に彼が出版した本をスペイン・エスペラント連盟の役員が政治的な考慮のゆえに破棄するように勧告し、彼がこれを拒むという事件もあった。1975年のフランコの死後は、スペインにおいて民主化が実現されたおかげで、やっと完全な市民権が回復された。晩年は大学内外において、その声望は高まった。彼はカナリア諸島きっての著名人となり、3冊にのぼる大冊の退官記念論文集が彼のために計画された。その第2巻は "Esperantismo" と題され、エスペラントに関する諸家の論文が収録されている（Serta Gratulatoria in honorem Juan Régulo. Vol. II. Esperantismo. Universidad de la Laguna, 1987）。

　ところで、"Rikolto" を読んでまず感じられるのは、彼の出版者としての強烈な使命感である。彼は自分の人生の意味は "Stafeto" のカタログにこそあるとした。また、「私は私自身であるために出版者であることを選んだのだ」とも述べている。それほどの熱意をもって、彼は1952年から1976年までの25年をエスペラント出版のために費したのである。「エスペラント文化」が成立しうるとしたら、それはとりわけ書物と、従って出版と結びついているものだといえる。彼は、そうしたエスペラントの「文化的側面」に大きな関心を注ぎ、このため、原作文学を中心として、93冊にのぼる本をエスペラント界に送り続けてくれたのである。オールドも、ボールトンも、ラグナルソンも、みなそこから出てきたのである。

　25年間で93冊というのは、もちろん商業出版にくらべればものの数ではない。しかし、エスペラント界においてこれがいかに大変な数であるかは、例えば、日本エスペラント運動における出版の実態を思い浮かべてみるだけでも明らかであろう。入門書や初

級読物や旅行者向け実用書の類（これらもむろん、それはそれとして重要であるが）のみでなく、知識も経験も積んだ、まともな大人がともかくも読むに耐える内容と体裁（これも大事な要素だ）をそなえた書物を、それもコンスタントに出版している日本のエスペラント運動の組織が存在するであろうか。しかし、そういう努力がなければ、文化の「成熟」もあり得ないのではなかろうか。

　最後に。彼はきわめて筆まめな人であった。例えばヴァランギャンは400通もの書簡を受け取ったそうだが、私たちにとって特に関心があるのは、彼と宮本正男との間の往復書簡が残されているということである、それは恐らく "Japana kvodlibeto" や "Invit' al Japanesko" などの出版をめぐる実務的な連絡調整を中心とするものであったろうと想像されるが、それにしても、この二人の巨人の間でどのような応酬がかわされたのであろうか。

（La Movado 1993年5月号）

"Rikolto"

「百パーセント・エスペランティスト」の回想

Aleksandr Saĥarov
"Rememoroj de centprocenta esperantisto"

　20世紀前半にソ連で活躍したエスペランティストの回想があ
る。題名はそのものずばり、『百パーセント・エスペランティスト
の回想』という。著者のアレクサンドル・サハロフは、1865年生
まれで、1942年に亡くなった。だから、日露戦争、第一次世界大
戦、二月革命、十月革命、内戦、スターリン主義体制の確立、そ
してまたもや戦争、すなわち第二次世界大戦という苦難の時代を生
きたのである。

　著者はカザン大学で数学を専攻した。教職につくことを希望し
ていたが、在学中にストライキに関わったために果たせず、小さな
町で公務員になった。やはり同時期にこの大学に在学していて学生
運動に関わって放校になったのが、のちのレーニン (1870〜1924)
である。著者は、1903年にたまたま友人からエスペラントの手紙
を受け取ったのがきっかけになって、エスペランティストになる。
1906年にジュネーヴで開かれた第2回世界エスペラント大会に出
席して、感激のあまり、全人生をエスペラントにささげようという
決心を固める。やがて、職を辞して、「百パーセント・エスペラン
ティスト」、すなわち、職業的なエスペランティストになる。1907
年、すでに42歳になってからのことであった。生涯独身であっ
た。

　モスクワに出た著者は、エスペラント専門の書店「エスペラン
ト」を開設する。やがて、モスクワ・エスペラント協会を結成す
る。さらに、雑誌 "La Ondo de Esperanto" を刊行する。そのい

ずれにおいても成功をおさめる。手堅い実務能力があったのであ
ろう。本書を一読してまず感じるのは、理想主義と現実主義との
結合とでもいうべきものである。エスペラントのために人生をさ
さげようという熱意と同時に、お金の話がしょっちゅう出てくる。
発行部数がいくらとか、家賃がいくらとか。1万部なんてあるの
には驚く。全体に具体的、即物的な記述である。運動にまつわる
陰湿なうらみつらみが出てこないのはよろしい。

　彼が経営する書店は、一時期、運動の中心になった。書店や出
版社は情報が集まる場所だったのだろう（p.75）。京都にあった
カニヤ書店もこうだったのであろうか。カニヤ書店は多数の化学
書や医学書などを出版するかたわら、エスペラント図書も出版
し、とりわけ全文エスペラントの雑誌 "tempo" の刊行は高く評価
され、その事務所には若い知識人がさかんに出入りした。

　革命後は、過渡期の混乱のなかで書店も閉鎖し、雑誌も廃刊せざ
るをえなくなる。そして、著者は、1920年に学校の教師となり、
エスペラントも教えたものの、「百パーセント・エスペランティス
ト」ではなくなる。代わって、運動のヘゲモニーを握ったのは、ド
レーゼンの率いるSEU (Sovetrespublikara Esperantista Unio) で
あった。著者自身は中立的立場を守った。SEUとは次第に深い関わ
りは持たなくなっていったようである。

　本書を読むと、著者は同時代の状況について、驚くべく、とら
われない率直なものの見方をしている。とりわけ革命後の大混乱
が具体的な描写により、生き生きと描かれている。スターリン主
義の時代にもかかわらず、迎合していない。発表を意図していなか
った原稿ではあるが、もし発見されていたらどうなっていたであろ
うか。ドレーゼンに対しては否定的である。SEUについても、一
定の功績は認めつつも、ソ連のエスペラント運動において致命的
な役割を果たしたとしている（p.188）。ドレーゼンたちと "Nova

"Rememoroj de centprocenta esperantisto"

119

Epoko"に拠ったデミジュークらとの間での運動内部のヘゲモニー争いについて批判的な記述がある。著者は、ドレーゼン始めエスペランティストたちが次々に粛清されていくのを見ていた。ただし、その最後について、どこまで知っていたのであろうか。文面からは定かではない。

　レーニンもスターリンもブハーリンも全く出てこない。著者の政治的関心はどうだったのだろうか。抑制したのであろうか。表立って言及していないことが却って、批判の存在を示しているのではないだろうか。彼自身は文字どおりブローニュ宣言の精神に生きた人であったため、政治的な傾向に深入りすることはなかった。そのおかげで、危機から救われたのだ、とみずから述懐している（p.153）。政治的関心がなかったのではない証拠に、二月革命に際しては、それにより得られた自由に感激している。

　エロシェンコの名前が1回だけ出てくる。レーニンの妻であったクルプスカヤに手紙を書いたという記述もある（p.170）。ランティと親交のあったロシアのエスペランティストが本書にも出てくる。デミジュークとか、ネクラーソフとか、フーテルファスとかである。

　著者はSEUのメンバーらが粛清されてから2、3年後に、今や運動を再興するのに好適な時期だと書いている（p.191）。しかし、戦後もスターリン体制は続き、運動はなお長らく再生しなかった。その点をとらえて、著者のこの認識が楽観的にすぎたと批判するのはやさしい。同時代を生きる人間の認識の制約も指摘されるべきかもしれない。しかし、半世紀を経た現在、運動は確かに再生しているのであるから、つまりは著者が正しかったのかもしれない。

（センター通信 第194号 1996年12月）

ロシア・エスペラント運動の歩み

Halina Gorecka kaj Aleksander Korĵenkov
"Esperanto en Ruslando"

Sezonoj, 2000, 39p

　本書は、質の悪い用紙に細かい字で印刷された、40ページ足らずの片々たる小冊子である。しかし、ロシアがソヴィエト連邦となり、再びロシアに戻るという歴史のなかでのエスペラント運動を圧縮して記述した、密度濃い本である。本書を入手したのはいつのことだったか、もうずいぶん長く手元にあるが、思い立っては少しずつ読むものの、なかなか通読できなかった。なぜだろうか。そのあいだの歴史の巨大な転変を思い、つい圧倒されたのかもしれない。

　冒頭、他ならぬザメンホフがロシア帝国臣民として登場する。表紙に掲載された第1回ロシア・エスペラント大会（1910年）での記念写真では、ツァーリの肖像を背景に、最前列中央におさまっている。当時のポーランドは帝国ロシアの版図の一部だったからだ。この大会の有名な開会演説では、彼はロシアを nia regno と呼び、自らを Ruslandano と呼んでいる。もっとも、これはロシア人ということではなく、ロシア帝国という多民族国家の成員というほどの意味なのであろうか。

　やがて第一次世界大戦が始まる。シベリアの捕虜たちのあいだでエスペラント運動が盛んとなり、ユリオ・バギーが活躍したことなどが語られる。

　1917年、ロシア革命が勃発し、ロシアのエスペラント運動は大きく変質する。リンスの『危険な言語』などでお馴染みのソヴィエトのエスペラント運動の歴史、SEU の成立、SAT との対立・抗争・分裂などが記述される。政治のただなかで、さまざまな組織

が興亡を重ねる。

　しかし、世界革命のスローガンが放棄され、一国社会主義路線が支配的になるにつれて、エスペラント運動はその存立の根拠を失い、やがて、1937年から1938年にかけての大粛清で、多くのエスペランティストがそれに巻き込まれる。いったんは対立する陣営に勝利した者も、やがてもっと大きな力によって抹殺されていく。巻末の人名データを見ると、ドレーゼンやネクラーソフ、ヴァランキンを初めとして、この2年のいずれかが没年となっている人が多いのに、今さらながら胸をつかれる。

　戦後もエスペラント運動は政治に翻弄される。スターリンの死、そしてスターリン批判、SEU の再建やサミズダートの発行などが語られる。

　戦後のバルト三国のエスペラント運動にも言及されていて、エストニアのタリンの Eesti Raamat の出版活動のことなどが語られている。そういえば私も、ここから発行された本を何冊か読んだことがあった。ぐにゃぐにゃのビニール表紙の正方形に近い本が多くて、詩集や、ナチス占領下の人々の苦しみをえがいた小説などがあり、内容にも独特のかげりがあったように記憶している。当時、ソ連の共和国であったために、バルト三国は、独自の歴史と伝統を持つにもかかわらず、世界の政治や文化においては、およそ忘れられた存在であったが、しかし、こうしたエスペラントによる出版活動を通じて、静かにその声を世界に投げかけていたのだ。

　やがて、ソ連が崩壊し、エスペラント運動もまたまた変貌してゆく。ただ、このあたりになると、現在に近いせいもあるのか、普通のエスペラント運動に近づいたせいなのか、組織の盛衰が記述の中心になって、読んでいても、語られている内容が頭に入ってこない。要は、あまりおもしろくない。

　さきに触れたリンスの『危険な言語』を始め、サハロフの『百

パーセント・エスペランティストの回想』、それから、ランティ (SAT) やブロンシュテイン (SEJM) の著作など、ロシア、あるいはソ連におけるエスペラント運動について書かれた本はたくさんあるが、このように1世紀余りの歩みを通観した本は、少なくとも私には初めてであった。

　ソ連崩壊から10年あまりが経過したが、ロシアが再び大国となって、世界の政治、思想に大きな影響を与える日が再び訪れるとは思えない。本書は、ロシアが世界史上で政治的にも思想的にも巨大な存在だった時代のエスペラント運動の歴史である。

（センター通信 第240号 2004年9月）

"Esperanto en Ruslando"

エスペラントが「危険な言語」だった時代

Ulrich Lins
"La danĝera lingvo"

Bleicher eldonejo, 1988, 546p

「1937年、レニングラードのエスペランティストのうちで主だった者14人が逮捕された。そして、われわれは自分たちの番が来るのを待ちながら家でふるえていた」

これは、幸いにも逮捕を免れたあるエスペランティストの回想である（p.392）。1937年から1938年にかけてのソヴィエト連邦における大粛清の過程で、「巨大な逮捕機械」（p.393）は、多くのエスペランティストたちを無慈悲にもとらえた。そうして、彼らの大部分は二度と戻ってこなかった。

そのような悪夢は一体、どのような状況のもとで、いかなる原因で生じたのか。あまりにも重いこの問題に真正面から取り組んだのが本書である。歴史の暗部に肉薄しようとする気迫にみちた本である。

本書は、はじめ、1973年に、70ページにみたない小冊子として京都の L'Omnibuso から刊行され、翌年、"Esperanto en perspektivo"（Universala Esperanto-Asocio）に収録され、さらに翌1975年に大幅に内容を増補した邦訳『危険な言語』（栗栖継訳）が岩波新書の1冊として刊行された。今回の版は、いわば決定版とも言うべく、10余年の研究の成果を踏まえ、先行する上記の著作にくらべて、量的にも、資料的にも、また理論的分析の深化においても、格段に充実の度を増している。まことに書物もまた成長するとの感を新たにさせられる。

さて、本書は4章から成り、第1章ではエスペラント発表から1920年代までの西欧、第2章ではナチズム下のドイツ、第3章で

は東アジア、第4章ではソ連及び東欧におけるエスペラント運動への弾圧を扱っている。とりわけ第4章が充実しており、本書全体の約3分の2を占める。550ページになんなんとする大著の全体をまんべんなく紹介することはとうてい筆者の手には余るので、特に第4章についての紹介や感想などを多少記すことで責めをふさぎたい。

　ロシア革命は、それまでツァーリズムのくびきの下であえいでいた諸民族の自決と平等という美しい夢を実現するはずだった。それは同時に、エスペラント運動を発展させるためのこの上ない基礎も与えてくれるはずだった。ところが、革命から30年代にかけてソ連の政治状況の推移は、そうした期待とは正に逆に——巨大な中央集権的官僚制による市民的自由の抑圧の体制の形成とともに——一国社会主義という名のもとでのナショナリズムの成立、肥大化をもたらした。本書では、そうした政治状況の推移との関わりにおいて、エスペラント運動の展開と弾圧による壊滅とが語られている。

　とりわけ、1920年代にスターリンの一国社会主義のテーゼが確立し、それと並行して、事実上、ロシア語がソ連内での共通語としての地位を獲得してゆくなかで、エスペラント運動はむずかしい立場に立たされることになる。

　この点で興味ぶかいエピソードは、ウクライナの詩人ソシューラ (Volodymyr Sosjura) の発言である。彼は、エスペラントをロシア語に代えて、ソ連の「国家語」にすべきである、と主張したために非難された。エスペラントをソ連内で言語問題と結びつけて論じるのは危険だということが、このできごとによってはっきりした（p.367）。

　あるいはまた、やはりウクライナの教育人民委員であったスクリプニク (M.O. Skrypnyk) のエスペラント批判も興味深い。彼は

"La danĝera lingvo"

125

エスペラントに理解を示した数少ない政治家のひとりであったけれども、しかし、エスペラントの学校教育への導入には反対した。それというのも、レーニンの民族理論に忠実だった彼にとっては、共産主義社会への移行の前提条件として、民族文化と民族語の全面開花がなければならず、直接に統一語へと飛躍するのは──国際主義の名の下で──真の共産主義的民族政策からの小ブルジョア的逸脱である、というのである。著者によれば、この主張には、実は、エスペラントに対する批判を装いつつ、当時進行しつつあったロシア化とロシア語の強制に対する批判が隠されていたのだという（p.269, 358）から話はややこしくなるのであるが、いずれにせよ、エスペラントについての論議が直ちに政治的な色合いを帯びてしまうというところに、当時のソ連のエスペラント運動が置かれていた立場の危うさがあった。

　もちろん、ソ連のエスペラント運動は、ときどきの政治状況や政策の変化に常に忠実であった（あらざるを得なかった）。本書は、SEUをしてSATと対立させ、ついにはSATの分裂に至らせたことや、SEUが国際通信を展開したことなどが、いかに当時のソ連の国際政治状況に制約された結果であるかを、子細に明らかにしている。

　そのような努力にもかかわらず、エスペラント運動は次第に困難な状況へ追い込まれてゆく。諸民族の平等、強制的国家語の否定というタテマエとは裏腹に「地方ナショナリズム」を弾劾し、「全ソヴィエト愛国主義」（p.380）の確立を訴えるキャンペーンが行われ、ロシア語がヘゲモニーを握ってゆく。そうして、大粛清のさなかの1938年、ロシア語をソ連内の全学校の必須科目とする旨の政府の命令が発せられるのである（p.406）。ここにおいて、エスペラント運動は、粛清を待つまでもなく、思想的にその存立の根拠を失うこととなったのである。

　以上の紹介は、多岐にわたる本書の記述を不当に単純化したり
歪めたりしたかもしれないが（そもそもナショナリズムの拡大と
エスペラント運動の弾圧とを結びつけるためには、いくつかの媒介
項が必要であることはいうまでもない）、筆者としては、ナショナ
ルなものとエスペラント運動との関わりを考えるうえで、本書の上
記のような記述は大いに示唆的であった（もっとも、本書から
は、ナショナリズムへの「下から」の大衆的同調、支持の側面が
あまり伝わってこないのが不満といえば不満であるが）。もちろ
ん、以上はあくまでも一つの読み方にすぎないので、読者は本書
そのものに分け入って、エスペラント運動の現在と未来を考えるた
めの示唆をそこからくみとっていただきたい。

　　　　　　　　（La Revuo Orienta 1989年1月号）（のち、同誌
　　　　　　　　1991年12月号「エスペラント名著解題」に再録）
　（追記）
　2016年に本書の Nova、reviziita eldono が UEA から刊行され
たが、この書評ではそれには言及できなかった。

"La danĝera lingvo"

コラム 行間からひびいてくる声

　昨今、ネット上ではエスペラントの本に関する情報が飛躍的に増えつつある。書評にしても、Flandra Esperanto-Ligo や La Ondo de Esperanto などのサイトには非常に多数の書評が集積されているし、新刊情報なども充実している。とはいうものの、本好きのはしくれとしては、情報を得るだけではなくて、もっとじっくり特定の本や著者について知りたい。なので、おのずとネットだけでなく書物に赴くことになる。そのようなときに手元に置いてときどき開く参考書で、ここ数年の間に刊行されたものについて、ここで少し書いてみたい。

　まず Carlo Minnaja, Giorgio Silfer "Historio de la esperanta literaturo"（Kooperativo de Literatura Foiro, 2015）について。これは748ページに及ぶ詳細きわまるエスペラント文学史である。開くたびに、いかに自分が本を読んでいないか、ものを知らないかを思い知らされる。文体や語彙からしても、いかにもイタリアの知識人が書く文章という感じがして、極東の島国の素朴な一読者にはむずかしい。例えばこんな具合だ。"La duan periodon en nia literaturo skandas la aperado de la revuo Literatura Mondo（1922~1926 kaj 1931~1939, kun samnoma eldonejo）, kiu zenitas samtempe kun la apero de la Plena Vortaro（以下略）"（p.105）。そうした文体に辟易しつつも、しかし、あちこち拾い読みしていると興味は尽きない。ファシズムやスターリニズムの弾圧に倒れた人たちや、目立たないけれども珠玉の作品を残した人たちのことを知ろうと思って、詳細な索引の助けを借りつつ、とびとびに読んでいると、おのずとその人物の人生が浮かび上がってきて感慨を誘われる。

　他方、Halina Gorecka, Aleksander Korĵenkov 夫妻の手に

なる "Nia diligenta kolegaro" (Sezonoj / Litova Esperanto-Asocio, 2018、320p) は、200名のすぐれたエスペランティストの経歴や業績、著作など客観的なデータを記載した人名事典である。読んでいると、そうした記述から、その人の人生がそこはかとなく浮かび上がってくるように思われて、こちらも興味深い。例えばカロチャイの項で、作品の高い文学的な価値は認めつつも、政治へのコミットが批判されたことが記されている。その例として、ムッソリーニが書いた、早世した弟の評伝をエスペラントに訳したこと (Benito Mussolini "Vivo de Arnaldo" Literatura Mondo, 1934) や、マルクス、エンゲルス、レーニン、スターリンを讃える詩を書いたことがあげられている (p.151)。そんな一節を読んで、1919年にハンガリー革命下で「インターナショナル」をエスペラント訳し、15年後にムッソリーニの著書を訳したカロチャイの思考の振幅について、あれこれ想像してみたりする。

　日本のエスペランティストに関する人名事典としてお世話になるのが柴田巌・後藤斉編、峰芳隆監修『日本エスペラント運動人名事典』(ひつじ書房、2013) である。収録されているのは物故者に限られるが、著名人だけでなく市井の無名のエスペランティストが多数取り上げられており、総数2,867名に及ぶ。私の面識があった方も何人も記載されていて、人となりがよみがえる。私に限らず、この辞典をひもとく人は、エスペラントに関わるなかで出会った知人のだれかれに再会して、思いを新たにすることだろう。　また、戦前、戦中、戦後にわたって名古屋で活動された方も、梶弘和、竹中治助、丹羽正久、松原言登彦、水野輝義、三ッ石清、山田弘(天風)、早稲田裕の各氏など、あげていけばキリがない。私にはとりわけ丹羽さんのあの温顔が懐かしく思い出される。監修者の峰芳隆氏も本書刊行後の2017年に逝去された。

あるエスペランティストの精神史

——生涯にわたってシベリア抑留とスターリン主義批判
について語り続けた高杉一郎の著作に関する書評4編。

高杉一郎

『ザメンホフの家族たち』

田畑書店、1981、373p

　エスペラントに関わりを持つようになってからすでに何年かが過
ぎたが、エスペラントのどこがそんなに自分をひきつけたのか、
今もって判然としない。自分自身についてさえそうなのだから、ま
してや、エスペラントが「危険な言語」とされた時代になぜ多くの
エスペランティストたちが身の危険をよそにあれほどエスペラント
に情熱を燃やし得たのか、ということになると、理屈ではともか
く、実感として納得しがたいものがある。

　その点、「ザメンホフの家族たち」という美しく印象的な書名を
持つ本書は、そうした私の蒙をひらいてくれる本だった。

　一読してまず感じたのは、著者の歩んできた人生の1コマ1コ
マが実に鮮明で具体的なイメージをもってえがき出されている、と
いうことだった。それは、無論のこと、たんなる回顧談などでは
ない。ときには過去と現在とは交錯し合い、そこに危機的な時代
の状況のなかでほんろうされた人間たちの姿が浮かび上がってく
る。いや、小むずかしい理屈をこねるまでもない。ほんの一例を
あげてみても、例えば今は盲目となった黄一環が北京でかつてのエ
スペラントの師である中垣虎児郎への贈物として自分の写真を著者
に託すという話は、——その間に流れた幾星霜を思うとき——ひ

との胸を打ってやまない。

　あるいはまた、エスペランティストでもあったベーラ・クンは、ハンガリー革命崩壊ののち命からがらモスクワまでたどり着き、そこでクレムリンの鐘を聞いて改めて世界革命への情熱を燃やした。だが、やがて彼はスターリンによって粛清される。そのスターリンも死んだ後、クンは名誉回復されるが、もとより死後の名誉回復ほど空しいものはない。著者（らしき人物）は、かつてクレムリンの鐘の音がクンの胸にたぎらせた革命への希望をうたった歌を口ずさみながら、涙する。20数年前の一知識人の心象風景である（「へんな先生」、1956年発表の創作）。

　まさしくそこには、「ザメンホフの家族たち」と呼ぶにふさわしい魂のふれ合いがあり、痛みや悲しみや怒りとともに、なお失われぬ未来への希望がある。そういうことだったのか、と私は思い、エスペラントがひとをとらえ得た理由を、わずかではあるが理解し得たように感じたのである。地味で静かな筆致ではあるが、本書は読む者をして、歴史とその中での人間の生のありようについてさまざまな思いをいだかせ、同時に静かな勇気を与えてくれる本である。

（La Movado 1981年12月号）

『ザメンホフの家族たち』

高杉一郎

『征きて還りし兵の記憶』

岩波書店、1996、307p（岩波現代文庫、2002）

　2か月ほどかかって、『ゴルバチョフ回想録』を読み終えたところである。ソ連社会を改革しようとの意図に発しながら、その意図に反してソ連を解体させてしまうという歴史的な役割を演じた政治家の膨大な回想である。よくもまあ書いたものだ。なにせ、邦訳で上下2巻、合計1600ページ近くにも及ぶのである（工藤精一郎、鈴木康雄訳、新潮社、1996）。

　ところが、それほど膨大な著作であるにもかかわらず、本書には日本に関する記述はきわめて少ない。このことは、ソ連の当時の世界戦略にとって日本の意義が小さかったことの現れなのであろう。従ってまた、いわゆるシベリア抑留問題についても全く言及されていない。わずかに、日本訪問に先だって、ハバロフスクで日本人兵士の墓地を訪れ、献花したことがほんの数行、語られているくらいである（下巻　p.324）。つまりシベリア抑留の問題は、ソ連にとってみれば、あの巨大なスターリン主義のもたらした災厄のなかでは、その程度の事柄なのであろう。

　しかし、抑留は、数十万に及ぶ日本人の人生を大きく狂わせたのみならず、それはなお依然として現代の問題であり続けている。例えば、シベリア抑留に対する国家補償の問題が法廷で争われており、遠からず最高裁判決が出る見込みであると聞く。ドイツなどと違って、日本はこれまでシベリア抑留に対する国家補償を拒否してきたのである（この点、例えば、裁判闘争を担ってきた斎藤六郎の軌跡をたどった、白井久也『ドキュメント　シベリア抑留』（岩波書店、1995）を参照）。

　さて、本書であるが、著者は同じテーマをうむことなく繰り返

し語る人である。そのテーマとは、自らのシベリア抑留体験であり、その体験から形づくられたスターリン主義批判であって、このテーマが『極光のかげに』（1950初版、のち岩波文庫、1991）から始まり、近年になって、ソ連におけるペレストロイカの進展にあたかも呼応するようにして刊行された『スターリン体験』（岩波同時代ライブラリー、1990）、『シベリアに眠る日本人』（同、1992）そして、本書『征きて還りし兵の記憶』（岩波書店、1996）へと、執拗に追究されているのである。

　『スターリン体験』では、「ちっぽけな人間である私」（p.12）とか、「私は日々の社会生活を誠実に生きてゆきたいと願っているだけの小市民にすぎなかったから、政治のことはわからなかったし、またわかりたいとも思わなかった」（p.149）とかいった、自己自身に対する限定の言葉が前面に出ていて、それはそのとおりであるかもしれないが、遁辞とうつるきらいがなくもなかった（ただし、本書では、『スターリン体験』については、十分推敲する時間がなかった（p.4）とされているので、そういう側面もあったのかもしれないが、推敲不足は読者にとってはありがたくない話だ）。

　その点、本書は、見事な自画像をえがいて間然するところがない。それは、被害者として、「いけにえ」としての立場から、現代史を見るという立場である。著者は、言うまでもなく、関東軍の一兵士、つまりは侵略者の一員として大陸にあったのであり、本書でも、「その自責の念が私の胸からはなれたことはこれまで一度もなかった」（p.26）と書かれてはいる。しかし、たとえそうであるにしても、それはより大きな文脈のなかでは、動員されたいけにえ、被害者にすぎないということなのであろう。さらに、著者をとらえ、ソ連社会全体を覆っていたコンツ・ラーゲリ（集中営）の世界は、やがて、ソ連のみならず、中国の文化大革命におい

ても見出されることになるのである（p.259）。

　ところで、著者はきわめて慎重な人であり、組織の人ではないから、政治家や政党の文化路線に従った作家たちのように過ちを犯さざるを得ないということはなかった。「賢者は政治をしない」という林達夫の言葉を思い出す。ただ、時折、鋭い批判の言葉が語られている。著者の夫人の妹は、やがて宮本顕治の後妻になるが（p.234）、その他ならぬミヤケンが、『極光のかげに』が刊行された当時、偉大な政治家スターリンをけがすものだとして、ごうまんに批判したことが暴露されている（p.88）。そして、著者はその批判の背後に「ミリタリー・ファシズムとおなじ検閲と処罰の思想」がかくされているのではないかと反批判している（p.189）。死者に対する批判はたくさんあるが、現存する人間、しかも親戚にあたる人物への、これはかなり思い切った批判である。この他、佐多稲子批判はことにきびしい。他方、宮本百合子、中野重治に対しては評価は暖かい。

　いずれにせよ、かつて『極光のかげに』の初版が刊行されたとき、著者を居丈高に批判した者たちの誤りは、歴史によって証明された。また、著者は当時ほとんど資料のなかったエロシェンコの伝記を書くのだが、それはおのずからスターリンの言語学に対する批判になるだろうと述べている（p.227）。

　すべてが終わった時点から見れば、例えば抑留者が発行していた日本新聞におけるスターリンへの感謝文（p.101）は、その阿諛追従ぶりに眼をおおうばかりであるにしても、あまりの馬鹿馬鹿しさに思わず抱腹絶倒させられる。その意味で、本書で語られているさまざまの事実は、もちろんきまじめでいかにも良心的な著者の意図に反してであろうが、どこか不条理劇めいたグロテスクなユーモアを漂わせている、といっては不謹慎というものであろうか。

（センター通信 第191号 1996年6月）

（追記）

　本書にはスターリンの言語学論文や中国のエスペランティストたちとの交流についても、それぞれ1章が割かれているが、高杉の他の著書と内容において重複する部分も多いので、書評では特に触れていない。

　著者と名古屋在住のエスペランティストとの交流についてのみ触れておこう。1951年に早稲田裕氏が静岡の著者のもとを訪ねてきて、同年に名古屋で開かれる日本エスペラント大会で講演をすることを依頼し、それを引き受けたというエピソードが紹介されている（p.198〜199）。また、著者が "Amikoj de Nova Azio" という雑誌をつくることを提唱すると、やはり名古屋にいた三ッ石清氏が早速1960年に「準備号」を編集したが、結局成功しなかったとのことである（p.252〜253）。

『征きて還りし兵の記憶』

高杉一郎

『わたしのスターリン体験』

太田哲男

『若き高杉一郎』

未來社、2008、294p

　高杉一郎（1908〜2008）は、みずからのエスペラントとの関わりをひとつの軸に、一連の自伝的な作品を書いた。このほど、その1冊『スターリン体験』（岩波書店、1990）が『わたしのスターリン体験』と改題の上、再刊された（岩波現代文庫）。また、高杉の戦前の文芸誌編集者時代を研究した太田哲男の『若き高杉一郎』（未來社）が、時を同じくして刊行された。この2冊についての感想を書いてみたい。

　『わたしのスターリン体験』は、民族問題と言語をめぐるスターリンの見解、トロツキー裁判、シベリアでの俘虜体験を軸に、著者とスターリンとの生涯にわたる因縁を追究している。本書は著者所蔵の原本を元に訂正を加えたもので、例えば、収容所での体験をつづった章や最終章がまるまる削除されている。その結果、思想としてのスターリン主義に対する関わりが中心となっていて、シベリアでの「体験」の側面はやや薄れたという印象を受ける。旧著がソ連の崩壊（1991年）の直前に刊行され、「ほんとうの社会主義への期待」を熱く語っていることは、出版当時の知的雰囲気を伝えているが、このくだりも新版では削除されている（旧版p.10）。

　スターリンの著作『民族文化と国際文化』（1930）は高杉を感激させた。そのエスペラントへの訳者として、しばしば言及されて

いるグリゴーワ・デミジューク（1895〜1985）は、ソ連や西欧の
多数のエスペランティストが粛清されるなかを生き延び、長寿を
たもった。1982年にDetlev Blankeが行ったインタビューが残され
ている（La Gazeto 133, 2007）が、著者はそのことを知っていた
だろうか。

　『若き高杉一郎』は、従来あまり知られていなかった編集者とし
ての側面について、資料を精査し、また、高杉本人からの聞き取り
をして跡づけている。高杉は、改造社から刊行されていた雑誌『文
藝』の優秀な編集者であり、中国人作家の作品を多数掲載し、ヨ
ーロッパの文学作品を翻訳、掲載するなど、編集という作業を通
じて、「抵抗」から「協力」への困難な時代を生き抜いた。また、
中野重治、宮本百合子、三木清らとも親交を結んでいたという。

　なお、高杉は、『ひとすじのみどりの小径』（リベーロイ社、
1997）で、野島安太郎（1908〜1989）ほかの編集により京都の
カニヤ書店から刊行されていた全文エスペラントの雑誌
"tempo"（1934〜1940）（名古屋エスペラントセンター出版会か
ら1982年に復刻版刊行）が、『文藝』と誌面が似かよっていること
を指摘している（p.106）。両者が、編集という作業を通じて同時
代の状況と向き合っていたことを感じさせる。

　『若き高杉一郎』は、編集者としての側面に問題がほぼ限定され
ている。他方、『わたしのスターリン体験』では、エスペラントや
俘虜体験を通じて抱かれた、ソ連の社会主義体制への著者の疑問
が執拗に語られている。その意味では、対照的な内容の両書を比
べて読めば、後年の高杉の活躍を用意した「前史」についての、
より立体的な理解に達することができるであろう。

（La Revuo Orienta 2008年11月号）

　（追記）

　その後の高杉一郎に関連する本で筆者の目についたものを、と

『わたしのスターリン体験』『若き高杉一郎』

りあえず2冊あげておく。

　『あたたかい人』（みすず書房、2009）は、『若き高杉一郎』の著者の太田哲男の編集により、高杉の単行本未収録の文章を中心としてまとめられたものである。巻末には略年譜と主要著作・翻訳目録が掲載されている。

　松井康浩は、その著書『スターリニズムの経験』（岩波書店、2014）の「はしがき」で高杉の『スターリン体験』に言及しつつ次のように書いている。「高杉の本にも触発され、かつ近年の研究動向に竿をさすべく、（中略）一般の知識人や市民が書きのこした手紙、日記、自伝的回想録の検討を通じてスターリニズムの経験の諸相を解明することを目的としている。それは、高杉と同じく、ソヴィエト市民が試みた『個人的なメモリアル運動』に刻まれたメッセージに、本書の著者自身が応答する試みでもある」（p.vii）。この記述は、高杉の多年にわたる思索がソヴィエト研究者の研究の方法にとっても示唆的であることを示していよう。

『高杉一郎・小川五郎 追想』

私家版、2009、278p

　2009年1月に、『高杉一郎・小川五郎　追想』と題する追悼文集が刊行された。故人の娘さん二人（田中泰子、中川素子）が発行人となっている私家版で、関西エスペラント連盟で入手できるとの情報を見て、私も注文して購入した。なお、小川五郎は高杉一郎の本名である。

　本書には、加藤周一、不破哲三、澤地久枝、田中克彦といった著名人を始めとして、児童文学関係者、勤め先の大学（高杉は静岡大学、和光大学の教授を長く務めた）の同僚教員、教え子、編集者、隣人、親族など、多彩な執筆者が寄稿している。エスペランティストも、峰芳隆、栗田公明、望月正弘の各氏など、何人かが寄稿している。また、早稲田みかさんが、父の故早稲田裕氏と高杉との関わりを語っている。

　執筆者のなかには、雑誌『エスペラントの世界』編集長で、当時、三重県津市に在住だった嶋田恭子さんの名前も見え、なつかしい思いに誘われた。嶋田さんは、1984年10月に三重県立美術館で中村彝展が開催されたのを機に、三重エスペラント会が高杉を講師として「作品『エロシェンコ氏の像』をめぐって」と題する講演会を開催したことに言及している（p.164）。私はその講演を聴講し、終了後、津駅前のレストランで開かれた高杉夫妻を囲む会食にも参加した。もう四半世紀も前のことだ。

　高杉は3人の娘と孫に囲まれ、99歳という長寿にめぐまれた。晩年は、さすがに執筆することはなくなったとはいえ、なお知的好奇心は衰えず、旺盛に読書を続けた。その姿を何人もの知人が回想している。99歳でエリック・ホブズボーム『わが20世紀・面白

『高杉一郎・小川五郎 追想』

い時代』を読んで興じたというのは驚異的である（p.97）。97歳のときには、検査入院を終えて退院したその日に映画館へ直行し（無論、さすがにひとりで行ったのではなく、娘婿に連れていってもらったようだが）、『ヒトラー 〜最期の12日間〜』を見て面白がったなどというエピソード（p.238）も出てくる。スターリン主義やナチズムなど、現代史に寄せる関心は最期まで衰えなかったようだ。

　ところで、私は、高杉の著書は何冊か読んではいるが、正直のところ、愛読者だとはいえない。むしろ、読むたびに違和感を禁じ得ない場合が多々ある。高杉は、戦前は改造社に勤務して雑誌『文藝』を編集していた俊敏なジャーナリストであり、戦後はシベリアで俘虜となってスターリン体制下のソ連の実態に直面し、また、帰国後、『極光のかげに』の刊行により、国内のスターリン賛美者たちからさんざん非難された。そのような体験をし、何度も辛酸をなめているにもかかわらず、歴史そのものの、あるいはソ連の政治・経済体制の分析がどうにも不足しているのではないか、また、総じてあまりに平明にすぎ、「文学的」にすぎるのではないか、という印象をぬぐい得ないのである。

　加えて、私は、個人的には高杉が翻訳に心血を注いだエロシェンコにも、また、フィリパ・ピアスを始めとする児童文学にも積極的な関心を持てない。ピアスの『トムは真夜中の庭で』も、読んではみたものの、世評極めて高い名作であるはずなのに、一向に感心しなかった。もっとも、高杉一郎訳のエロシェンコは、伊東幹治という、戦争帰りのすれっからしの文学中年を魅了して、彼がエスペラントに関わるきっかけを作ったのだから、それはそれで大いなる魅力があるのだろうとは思うのだが、どうもいまいち食指が動かない。

　本書でも、高杉に対する賛辞が並ぶなかで、岩波書店の編集者であった小野民樹が、高杉のスメドレー伝に対して、「これはエロ

シェンコ伝にも通ずることなのだが，ちょっときれいごとにすぎる、人間に陰翳がないと思った」と評し、「書き手が素直すぎるのだと思った」と、やや他の執筆者とは異なるトーンで書いている（p.169）が、私の印象もそれに近い。

　もっとも、その高杉も、『極光のかげに』が刊行されたときに、宮本顕治が「あの本は偉大な政治家スターリンを汚すものだ。今度だけは見のがしてやるが」と高杉に向かって傲然と言い放ったことは、しっかりと書いている。やがて宮本の後妻になったのは高杉夫人の姉にあたる女性だそうだが、高杉は、宮本から和解のため何度か会食の誘いがあっても、「ぼくは行きませんよ」と「きつい声で」言った（p.177〜178）そうだから、両者の長年にわたる確執には相当深刻なものがあったのだろう。また、埴谷雄高がやはり同書を偽書ではないかと疑っていることについても反論を加えている。そうしたことからもうかがえるとおり、高杉はナイーヴな人ではもちろんなくて、むしろ「賢者は政治をしない」という意味で、きわめて賢明な、よくものの見えていた人物であったのであろう、という印象は持つのだが。

　どうも中途半端な、煮え切らない文章になったが、本書には、妻や娘、孫などと一緒にくつろぐ高杉の写真が多数掲載され、高杉の人物や彼が築いた家庭の様子が彷彿とする。高杉を直接に知る方にはとりわけ感慨深い本であろう。

　　　　　　　　　　　　　　（センター通信 第258号 2009年3月）

『高杉一郎・小川五郎 追想』

抑留体験とエスペラント

多田茂治

『内なるシベリヤ抑留体験』

社会思想社、1994、259p

　「壁」が崩壊して以来、次から次へと明らかになる社会主義ソ連をめぐる巨大な歴史の暗部には圧倒される。この巨大なマイナスを直視するのは、きわめて大きな精神的エネルギーを消耗する。旧ソ連の強制収容所ひとつ取ってみても、それは1980年代の半ばをすぎて、ゴルバチョフが廃止の命令を下すまで存在していたそうで、実に70年近くにもわたって存続したのである。自国民のみならず、外国人捕虜も収容された。そうして、彼らはソ連の国内植民地開発、土木事業のために動員されたのである。

　日本人兵士のシベリア抑留もその一環であるといえよう。50万人の日本人兵士がシベリアに抑留されたと言われている。その体験者による記録は、2,000点を超えるという。例えば、エスペランティストの高杉一郎は、『極光のかげに』（1950）、『スターリン体験』（同時代ライブラリー、岩波書店、1990）、『シベリアに眠る日本人』（同、1992）で、シベリア抑留問題を執拗に追究している。書物ばかりではない。昨秋［1994年］、愛知県美術館において、画家の香月泰男（1911〜1974）の没後20年を記念して回顧展が開催されたが、香月といえば「シベリア・シリーズ」が有名である。

　彼もまた、二冬をシベリアの収容所で過ごした。シベリア体験が彼の内面で沈潜し、やがて絵画表現へともたらされるまでには、帰国後10年の期間を要した。くろぐろとして凍てついたシベリアの大地から死者が叫んでいるようなそれらの絵は、見る者を

底無しの空間へ落とし込むかのようである。

　さて、ここで紹介する多田茂治『内なるシベリヤ抑留体験』については、峰芳隆さんからその刊行を教えられた。本書で論じられているのは、シベリアに抑留された3人の兵士にして知識人、すなわち、石原吉郎（1915〜1977）、鹿野武一（1918〜1955）、菅季治（1917〜1950）である。シベリア抑留中の過酷な体験はもとより、彼らがシベリアに抑留されるまでの人生、そして帰国後の軌跡がたどられている。菅は、帰国後わずか半年で、いわゆる徳田要請問題をめぐる政争に巻き込まれ、鉄道自殺した。鹿野も、帰国後1年余りで、精神と身体を酷使したあげく、心臓麻痺で死んだ。石原は帰国後22年を生き延びたが、晩年は夫人が精神を病んだせいもあり、無惨なものであった。幾度も自殺を企て、入浴中に急性心不全によって死去した。

　それにしても、「収容所列島」ソ連で、収容された人数が何千万人だとか、そのうち死亡した者が数百万人だとかいわれ、犠牲者が数に還元されるとき、個人を問題にしても、むなしさを感じざるを得ない。とはいえ、しかし、それを体験した人間にとっては、彼の人生に消しがたい刻印を残した出来事であるには違いないのである。

　収容所生活をかろうじて生き延びた人間にとって、その災厄をもたらした巨大なもの、つまりソ連社会主義体制というものは、巨大すぎてこれを直視することはできないのであろうか。個人の局限されたいわば実存的な体験がすべてなのであろうか。石原の『望郷と海』（ちくま文庫）を読んでみても、ひたすら自己の内の荒涼とした風景のみを凝視し続けるその姿勢に触れて、見通しのつかない息苦しさに襲われるのは否めない。もちろん、過酷きわまりない体験が徹底的な政治不信をもたらしたことは、本人の言うとおりではあろうが（p.215）。

本書も、3人の内面に内在しようとしている。それはそれでいいが、その体験の重みに圧倒されてか、ソ連社会主義に対する批判的、歴史的な視点が稀薄であるように感じられる。個人の内面は内面だけで自立しているわけではない。内をえがき切るためにも、著者はもっと外との関わりを論じるべきであったと思う。スターリンを「阿呆な支配者」だといっただけで済むものではあるまい（p.88）。

　ところで、本書を取り上げたのはほかでもない、本書にはエスペラントがしばしば登場するからである。暗澹たるシベリアの光景のなかでエスペラントが話題にされるのは、何かしら心が休まる感じがする。『望郷と海』で言及され、本書でも紹介されているが、収容所で、鹿野がエスペランティストであることを知った菅の依頼により、鹿野が菅ひとりを前に、エスペラントの入門講習会をする情景などはとても美しい。第一次世界大戦後のシベリアにおけるバギーを思い出す。ただ、石原がシベリア体験を経て、戦後、エスペラント運動に関わりを持ったという形跡はないようである。

　また、本書によれば、石原は東京外語時代にエスペラントに関心を持ち、PEU（日本プロレタリア・エスペラント同盟）の残党と会合を持ったそうである（p.56）。鹿野は京都一中時代に、カニヤ書店でエスペラントを学んだ。カニヤ書店は、全文エスペラントの雑誌 "tempo" を1934年から1940年まで発行していたところである（1982年に名古屋エスペラントセンターが同誌を復刻した）。ただ、"tempo" にからんで鹿野の名前を見た覚えはない。エスペラントで知り合った南禅寺の柴山全慶師のもとに参禅に通ったこともあるという（p.48）。石原と鹿野は、帰国後もエスペラントの手紙をやりとりしたりしている。

（センター通信 第181号 1995年3月）

資料を博捜する快楽

坪田幸紀

『葉こそおしなべて緑なれ…
―尽きせぬ興味の問題』

吉川奬一編、リベーロイ社、1997、205p

　本書は、坪田幸紀氏が1967年から1990年までに書かれたザメン
ホフ、千布利雄、ランティなどのエスペランティスト、ジョージ・
オーウェルに関する文章や書評などをまとめたものである。彼ら
の人物と思想について知るための格好な文献であるのみならず、ひ
とりのエスペランティストのほぼ四半世紀にわたる歩みを知るこ
とができるという点でも興味深い本である。

　話題はきわめて多岐に及び、著者の関心の広がりを感じさせ
る。なかでも、本書全体のおよそ3分の1を占めているのが千布
利雄に関する研究であり、とりわけ詳細な年譜が圧巻である。著
者が傾倒するもう一人の人物であるランティは、いわば思想の人で
ある。これに対して、千布は、それと一見対極にある実務家のよう
に見え、私はこれまで関心を持ったことがなかった。しかし、本
書によれば、千布は「葉こそおしなべて緑なれ、花はとりどりの
色を飾る、赤い花も咲け、白い花も咲け」と書き、学生たちの理
想主義と対決し、エスペラント主義に依拠して運動の多様性を主張
した人物であった。著者は、そこに千布の思想性を発見し、共感
を寄せているかに感じられた。本書のタイトルは、この千布の言葉
からとられている。

　加えて、私は著者には非エリート、敗者の側への共感があるの
ではないかと思われた。千布は、孤立した活動の末、エスペラン
ト界を去る。ランティにしても、1930年代にソ連におけるスター

リン主義、あるいはヨーロッパにおける全体主義の台頭によって、その思想と運動は挫折してしまう。そして、それかあらぬか、ともに一種の奇人であった。千布の甥は、彼を「いひゆうもの（異風者）」（p.56）と呼んでいる。ランティもその名前のとおり、ある種狷介なところのある人物だったように思われる。著者はそうした人物に対してひそかに共感を抱いていたのではないか。そして、そのような人物の目を通してしか見えてこない歴史の側面がある、そう著者は主張しているように私には思われる。

　本書を読んで印象的なのは、具体的なディテールの積み重ねのなかから、その人物を取り巻く状況が浮かび上がってくるということである。例えば、エスペラント界を去った千布は、郷里の佐賀で役所勤めをしながら、釣りに明け暮れた。官庁風の千布の履歴書から、晩年の姿が浮かび上がってくる。また来日したランティが、ひとり飲み屋でフナの雀焼きをつついているときに、近くのテーブルから声をかけられたのがきっかけとなって、画家菅野圭介との交友が開けてくる。菅野はそのために特高に目をつけられたりするのだが、そうした事実に1930年代後半の日本の社会状況のひとつの断面が示されている。書簡などの資料から、こうした事実を再現してゆく著者の手つきが私には好ましい。アシェットの出版物の研究にも、それは生かされている。本書には、資料を博捜し、そこから事実を組み立ててゆくことの楽しさが満ちている（それだからこそ、誤植の多さは悲しい。改訂版を期待する）。

　だから、著者は大変な本好きでもある。本書には20編ばかりの書評が収録されていて、読書の楽しみがそれこそ楽しげに語られている。著者が『クオ・ワディス』や『ファラオーノ』をエスペラント訳で両三度読み返した（p.110）というのには驚くが、それ以外にも、邦訳を何冊もかたわらに置いて参照しながら読み進めたり、読書会を行って議論したり、といった読書の仕方があちこち

で語られており、共感を呼ぶ。

　最後に、私事にわたるが、著者が1980年代前半に名古屋におられたとき、ランティについて、ふたりだけで E. Borsboom の "Vivo de Lanti" の読書会を何年か行った。その後、あれだけ持続的に、知的に触発される機会はない。本書を読んで当時の議論が思い出された。それだけに、本書所収の文章が1990年までで終わっていて、全体としての加筆などもないのが悲しい。坪田さんが再び知的生産に取り組まれることを期待している。

(La Movado 1997年 8 月号)

　（追記）

　柴田巌・後藤斉編、峰芳隆監修『日本エスペラント運動人名事典』（ひつじ書房、2013）によれば、坪田氏は「1990年事故に遭い、療養生活に」と記されている。私はこの書評の最後に、「再び知的生産に取り組まれることを期待している」と書いたが、そのような日々はついに訪れなかったのだろうか。坪田氏は2010年5月9日に逝去された。

『葉こそおしなべて緑なれ……尽きせぬ興味の問題』

困難な時代に運動を担った人たち

小林司、萩原洋子

『日本エスペラント運動の裏街道を漫歩する─「人物」がつづる運動の歴史』

エスペラント国際情報センター、2017、164p

　この原稿を書いている［2020年］4月下旬現在、新型コロナウイルスの感染拡大に伴って全都道府県に緊急事態宣言が発令されており、われわれはこれまでに経験したことのない事態に直面している。日本だけのことではない。パンデミックがいつ収束するかの見通しはつかず、エスペラント関係に限っても、モントリオールで開催される予定だった世界エスペラント大会は再来年に延期されたし、その他の大会やイベントの開催にも暗雲が垂れ込めている。

　のっけから書評とは関係のない話題になったが、そうした状況のもとで本書を読み返してみると、さまざまな思いに誘われる。本書はサブタイトルにあるように、個々の人物に焦点をあてて運動の歴史をたどったものであり、多くのエスペランティストたちの人となりを生彩に満ちた筆致で描き出している。しばらく前に私は Ed Borsboom の "Kie miozotas memor'" (Internacia Esperanto-Instituto, 2017) について書いたことがあるが、そこではエスペラントに人生をささげた有名無名の個人の人生が深い共感とともに語られていた（"La Movado" 2018年7月号）。本書もまた、エスペラントがそれぞれの人たちの生き方と深く結びついていることを実感させる。そうして困難な時代に個人がいかにそれに対処したかが語られている。

　個人を超えた大きな力がはたらくとき、それが自然であれ国家権力であれ、個人はいかにも無力である。それでも、彼あるいは彼女が、先の見えない困難のなかで命をかけて権力に抗うさまが本書では描かれていて感動的である。関東大震災の直後に甘粕正彦大尉ら憲兵によって虐殺された大杉栄、弾圧のなかでプロレタリア・エスペラント運動を担った人々、兵役拒否をした石賀修、ローマ字化運動のさきがけとなった斎藤秀一、中国にあって日本の中国侵略を批判し続けた長谷川テル、1930年代のファシズム期に発行された雑誌“tempo”の編集者で二度も検挙された野島安太郎、アメリカが推し進めるベトナム戦争に対する佐藤政権の加担に抗議して焼身自殺をとげた由比忠之進。そうした人々が本書には次々に登場する。

　他方、エスペラントに深い共感を示した知識人たちも取り上げられている。黒板勝美、丘浅次郎、吉野作造、柳田國男、新渡戸稲造など、必ずしも「運動」に直接的に関わった人ばかりではないが、近代日本の思想史をいろどった人物たちが活躍する。裏街道といいながら、多年にわたって日本エスペラント運動の牽引車であった小坂狷二にも一章があてられている。また、北一輝やエスペラント報国同盟についての記述もあるなど、きわめて多彩で目配りがきいている。

　『日本エスペラント運動人名事典』（柴田巌・後藤斉編、峰芳隆監修、ひつじ書房、2013）は、有名無名の人物の事績を、資料を博捜して記録した画期的な事典である。また、“Nia diligenta kolegaro”（Halina Gorecka, Aleksander Korĵenkov, Sezonoj, Litova Esperanto-Asocio, 2018）も200人の卓越したエスペランティストの年譜や業績を記録したものであり、大いに有益であるが、本書はそれらを読むのとはまた違った、読物としての興趣と発見がある。

本書のもととなった文章は、1975年4月号から1977年4月号にかけて雑誌「エスペラントの世界」に連載され、40年を経て復刻された。著者のひとり小林司氏（連載時は朝比賀昇の筆名で発表）は、1972年1月号から1975年3月号まで、日本エスペラント学会（当時）の機関誌 "La Revuo Orienta" の編集長を務め、ザメンホフ研究の新しい動向などを精力的に紹介して、当時エスペラントを始めたばかりの私も大いに刺激を受けたことを思い出す。編集長退任直後に本書のもととなる連載を始められたということになり、当時の精力的な活動がうかがわれる。

　最後に、私事ながら本書を読んで思い出したことを記しておきたい。大杉栄とともに殺された甥の橘宗一少年（当時8歳）の墓が名古屋市の覚王山日泰寺墓地にあって、何年だったか記憶にないが、小雨の降るなかを坪田幸紀氏と同行して訪れたことがある。墓石の裏には、父の惣三郎により「大正12年（1923）9月16日ノ夜　大杉栄　野枝ト共ニ犬共ニ虐殺サル」という血を吐くような言葉が刻まれていた。その拓本が同氏の『葉こそおしなべて緑なれ…』に掲載されている（リベーロイ社、1997、p.151）。その坪田氏も亡くなって10年になろうとしている。

（La Movado 2020年6月号）

「人類ノ為メ 国ノ為メ」

高崎哲郎
『評伝 技師・青山士の生涯』

講談社、1994、225p

　エスペラントに関する記事を切り抜いた私の古いスクラップブックに、すでに黄ばんで読みづらくなった1枚の切り抜きがあって、前から気にかかっていた。今、改めて取り出して見ると、1974年4月15日付け毎日新聞夕刊に掲載されたエッセイであるから、もう20年も前のものである。執筆者は高橋 裕 東大教授（土木工学・当時）。高橋はその文で、明治末期から昭和初期にいたる難工事であった信濃川放水路工事の竣工記念碑（1931年）がエスペラント文で書かれていることを紹介している。具体的にいうと、「萬象ニ天意ヲ覚ル者ハ幸ナリ」「人類ノ為メ　国ノ為メ」云々という日本語の碑文と、それをエスペラントで記した碑文とが刻まれているのだそうである。エスペラントの原文は紹介されていない。

　この碑を建てさせたのは、東大工学部を卒業し、内村鑑三門下の無教会派のクリスチャンであった青山士で、当時、内務省新潟土木出張所長の職にあった。この記事が心のどこかに引っかかっていて、ときどき思い出すことがあった。信濃川のきらめく川面を見下ろす土手に碑が立っている風景が幻影のように浮かんだ。しかし、詳細については、追究することを怠ったまま、今日に至った。

　最近、たまたま、高崎哲郎『評伝　技師・青山士の生涯』（講談社）と題する本が刊行されたことを新聞で知った。内村門下のクリスチャンの土木技師云々という紹介を読んで、ひょっとしてあの人物のことでは、と思って購入し、一読に及んだ。そうしたら、

果たして、20年前の新聞記事で言及されていたあの青山士であった。あるいは彼のことは、すでに知っている人は知っている「偉人」であって、不勉強な私だけが知らなかったのかもしれない。それにしても、20年ぶりに旧知に再会したような気分ではあった。

　同書によれば、青山士（1878〜1963）は、東京帝国大学工学部土木工学科を卒業後直ちに渡米し、ただ一人の日本人として、過酷な熱帯の自然環境と人種差別に耐えながら、パナマ運河の開削工事に関わった。8年間これに従事したのち帰国し、内務省に入省、地方で土木工事に従事し、荒川放水路と信濃川・大河津分水という二大国家プロジェクトを現場で指揮し、完成させた。一度も本省勤務の経験がなかったにもかかわらず、最後は内務省技術官僚の最高位である内務技監に任命されている。晩年は郷里の静岡県磐田市に隠棲した。最後まで内村鑑三門下の無教会主義クリスチャンであった。いかにも誠実にして気骨ある明治生まれのクリスチャンの生涯であった。

　彼が活躍した時代においては、土木事業は、自然を克服し操作する近代的自然観に基づく、輝かしい近代の産物であり、直ちに民衆の福利をもたらすものであると信じられていた。これに対して、近年、操作的自然観は、エコロジカルな自然観によって批判されている。公共事業は、肥大化した官僚機構とゼネコンといわれる建設産業の維持拡大のためではないかという疑惑が一般化しつつある。信濃川ならぬ長良川でその事例が見られるのは周知のところである。技術者たちは本当にあの工事が「人類ノ為メ　国ノ為メ」であるという誇りをもって遂行しているのだろうか。それは土木事業が政治に翻弄されているためで、技術者の心意気は今も昔も変わらないのかもしれない。しかし、それでも時代は変わったという思いはやはり禁じ得ない。

　さて、最後になったが、肝腎のエスペラントによる碑文である

が、それはこういう文章である。それぞれ、本文冒頭にあげた碑文に対応している。"FELIĈAJ ESTAS TIUJ、KIUJ VIDAS LA VOLON DE DIO EN NATURO" "POR HOMARO KAJ PATRUJO"（なお、もうひとつ青山が彫らせたエスペラント銘板があって、和田嶺トンネルの下諏訪側入口に今も残されている（p.172）。文面は同旨である）。

　青山自身はエスペランティストではなかったようであるが、この事例は近代日本精神史におけるエスペラントの位置を象徴するようなエピソードではある。著者は、青山がこの碑文を刻ませることによって「軍国主義の坂を転がり落ち始めた軍部当局に間接的抵抗を示したのである」としている（p.171）。この碑は新潟県西蒲原郡分水町（現燕市）の大河津（現大川津）に建っている。一度訪れてみたいものである。

（センター通信 第177号 1994年9月）

　（追記）

　"La Revuo Orienta" の1994年6月号 "El la Japana Gazetaro" で、『建設業界』（日本土木工業会）4月号に、この碑の写真が掲載されている旨が紹介されているが、私は見ていない。

　『日本エスペラント運動人名事典』に青山についての記述がある。また、山口昇の項では、青山に依頼されてエスペラント文を担当したとの記述がある。

『評伝技師・青山士の生涯』

コラム 追悼 伊東幹治

いとうかんじさんを訪ねて

　新年早々の2002年1月9日午後、永瀬義勝氏とともに、いとうかんじさんを京都の自宅にお訪ねした。お宅は、平安神宮の裏手、丸太町通りから少し北に入ったところで、京都大学や吉田山に近い閑静な住宅街の一角にある。

　いとうさんは、私たちが訪問したときは、2階の書斎でワープロに向かって執筆中であった。のちほど伺ったところによれば、PVZ（"Plena Verkaro de L. L. Zamenhof"）の仕事も一段落したので『クオ・ワディス』など長編小説を次々に読んで、その感想を認めておられるとのことであった。

　2001年のザメンホフ祭参加者有志からの贈り物として"Cezaro"を手渡したのち、永瀬氏は、PVZ の話や今後の企画などについて尋ねた。

　私は、おもに、いとうさんが三高、京大に在学されていたころのお話を伺った。いとうさんが、どのような同時代的な環境にあって自己形成されたのか、いわば、伊東幹治が「いとうかんじ」そして「ludovikito」になる前の時代について確かめたかったのである。ご本人は、ザメンホフの伝記的事実は子細にわたって追跡しておられるが、ご自身のそれを語ることには禁欲的であり、とりわけ「前史」時代については、ほとんど言及がない。そこで、本稿ではこの点を中心に、各種資料と、いとうさんのお話とを総合して、いとうさんの青春時代を簡単にスケッチしてみたい。

　いとうさんは、1918年1月15日生まれで、1930年に神戸一中に入学し、1934年に旧制三高（文甲）入学、1938年に京大

国文科に入学し、1941年に卒業、1942年に召集され、1945年に上海で捕虜になった。

『三人』という同人誌がある。これは、1932年10月から1942年6月にかけて京都で発行された。10年間で28冊発行されたとのことである。創刊同人は、竹内勝太郎、富士正晴、桑原（のち竹之内）静雄の3人である。同誌の発行時期は、名古屋エスペラントセンターが1982年に復刻した全文エスペラントの雑誌 "tempo"（1934〜1940）のそれとも大部分重なっており、1930年代に京都の若い学生・知識人が作っていたグループのひとつである（『三人』は、戦後の1947年に、『VIKING』に発展し、やがて同誌に、いとうさんの長大な「ザメンホフ」が掲載されることになるのであるが、それは戦後もだいぶ後になってからの話である）。

いとうさんは、瓜生忠夫（大阪北野中学、三高、東大独文）に連れられて、1937年6月、第14号から、この『三人』に参加した。ただ、1935年に亡くなった竹内勝太郎とも面識があったように伺ったので、それ以前から同人との関わりはあったのかもしれない。

いとうさんの会話には、富士正晴、竹之内静雄などはもとより、河野健二、野間宏、落合太郎などの名前も登場した。織田作之助が三高で3級下にいたとも伺った。ただ、いとうさんのお仕事を高く評価している鶴見俊輔、松田道雄とは面識はないとのことであった。京大は、富士正晴に岩野泡鳴に関する卒論を書いてもらって卒業したと伺ったが、このことは、『ザメンホフ』第7巻にも書かれている。あと、富士正晴の妹を妻にもらう話もあったが、彼女は結局、野間宏と結婚したとのことである。

書斎の書架には、55巻に及ぶ PVZ が並んでいる。それらの

背表紙を眺めながら、いとうさんは、有名になっていたら、こんな仕事はできなかった、有名にならなくてよかったと述懐された。もっとも、こちらがあまり読んでいないことがわかって、「本にしても安心できんなあ、読まれてないんやなあ」と嘆かれ、忸怩たるものがあった。

　ときおり小雪がちらつく、風の強い底冷えのする日であった。静かな書斎で、小１時間ほどお話を伺ったのち、いとう家を辞した。

　（参考文献）

富士正晴「同人雑誌四十年」（『ちくま日本文学全集　富士正晴』筑摩書房、1993所収）

野間宏『鏡に挟まれて 青春自伝』創樹社、1972

鶴見俊輔「『ヴァイキング』の源流—『三人』のこと」（『鶴見俊輔集12』筑摩書房、1992所収）

いとうかんじ『ザメンホフ』第７巻、永末書店、1977

（センター通信 第230号 2002年2月）

生涯にわたり文学に傾倒した伊東さん

　2002年の１月にご自宅を訪問したとき、伊東さんは、ずらりと並ぶザメンホフ全集 PVZ（Plena Verkaro de L. L. Zamenhof）を前にして、「有名になっていたら、こんな仕事はできなかった。有名でなくてよかった」と述懐された。もっとも、こちらがあまり読んでいないことがわかって、「本にしても安心できんなあ、読まれてないんやなあ」と嘆かれ、忸怩たるものがあったが。

　膨大な資料を渉猟し、ザメンホフの思想に肉薄するという、賞賛されても読まれることの少ない仕事に、伊東さんは人生の後半をささげられた。ここでは、ご本人の回想や直接うかがった思い出話をもとに、伊東さんの自己形成期をたどってみたい。

　伊東さんは1918年1月15日に神戸市に生まれ、神戸一中、第三高等学校（文甲）を経て、1938年に京都帝国大学文学部に入学。大学では国文学を専攻し、1941年に卒業し、旧制中学の教員になった。

　注目すべきは、雑誌『三人』への参加である。これは1932年10月に、年長の詩人竹内勝太郎の影響のもと、三高生の富士正晴、野間宏、桑原（のち竹之内）静雄の三人が創刊した同人誌であり、10年間に28冊が刊行された。富士と野間はのちに高名な作家となり、竹之内は編集者の道を歩み、筑摩書房の社長になった。伊東さんは8人目の同人として、第14号（1937年6月）からこれに参加し、終刊号までほぼ毎号、合計28編の詩や短文、小説を発表した。富士正晴とは殊に親しく、『三人』の復刻版に寄せた伊東さんの回想によれば、岩野泡鳴に関する卒論を代筆してもらったとのことである（『三人』は2002年に不二出版から復刻された）。

　この回想は老年になってから青春時代を語ったものであり、韜晦もあるかもしれないが、読む限りでは、非合法運動と関わりのあった野間宏などとは異なり、非政治的で文学に傾倒し、読書や同人たちとの交遊に明け暮れる日々だったようである。

　とはいえ、1937年には日中戦争が始まり、時代はファシズムと全面戦争に向けて突き進んでいく。鶴見俊輔は『三人』を論じた文章で、終刊号（1942年6月）に掲載された伊東さんの詩に戦争へとられていく青年のむなしい気分を読み取ってい

る。太平洋戦争開戦後もなお、非政治的な同人雑誌を刊行し続けたことに、伊東さんに限らず、同人たちの時局に対する消極的抵抗を見るべきかもしれない。

伊東さんは1942年に召集され、1945年に上海で捕虜になり、1946年に帰国した。その後、編集者として働くかたわら、1959年、高杉一郎が邦訳したエロシェンコの作品を読んだのを機にエスペラントに関わるようになり、ザメンホフに傾倒していく。『三人』から発展した同人誌『VIKING』に、長大な小説「ザメンホフ」を掲載し、さらにはザメンホフの著作の集大成という大事業に取り組んだのは周知のとおりである。

私たちがお宅を訪問したのは、その大事業にもきりがついたころであった。伊東さんは、"Quo Vadis" "Dia komedio" "Mirrakontoj de Liaozhai" "La Faraono" "La granda kaldrono" "Hetajro dancas" など、翻訳と原作の双方にわたるエスペラントの長編小説を次々に読破し、さらに、それぞれについて長大な書評を書き続けておられ、老年になっても衰えぬ読書と執筆への意欲に圧倒された。遺稿（未刊）となったその書評をひもとくと、伊東さんの青年時代の文学への激しい情熱が、最晩年になって再び花開いたかのような思いにとらわれる。

（La Movado 2005年7月号）

（追記）

伊東さんは2005年4月25日逝去された。

本文中に引用した鶴見俊輔の文章は、「『ヴァイキング』の源流—『三人』のこと」で、雑誌『思想の科学』1988年6月臨時増刊号に発表。のち、『鶴見俊輔集12 読書回想』（筑摩書房、1992）、『鶴見俊輔書評集成3』（みすず書房、2007）に収録された。

藤本達生さんのいとうかんじ追想

2005年４月25日に87歳で亡くなった、いとうかんじさんをしのび、藤本達生さんが雑誌 "Fonto" 誌の第300号に "Esplorejoj kaj esploriloj ĉe la kazo de *ludovikito*" と題する回想を寄せている（2005年12月発行。p.3~11）。

初対面は1966年５月の同人誌『VIKING』の合評会。いとうさんは、すでに1959年に41歳でエスペラントを始めており、以後、人生の半ば以上をひたすらザメンホフの研究、著作、出版に捧げた。その日常を藤本さんは、いとうさんのエスペラント界への唯一の「窓」であり、長年PVZ出版に関わった共同作業者の立場から回想している。

いとうさんは、勤務先から帰宅して入浴、夕食後の３時間、２階の書斎にこもり、夜11時に就寝のため下りてきたとのこと。私もお邪魔したことのある、つつましい書斎のありさまが彷彿とする。洋服屋だった父親の職人気質を受け継ぎ、常に勤勉に仕事をし、無為に過ごすことがなかった。藤本さんは校正刷を持参しても、無駄話はせず、用事が終わるとすぐ帰ったそうである。

いとうさんは知人友人の葬儀にも出ず（もっとも、夫人が代理出席されたそうだが）、ひとりで在宅中は電話に出ず、また、飲み屋にも行かなかったとのこと。人間嫌いを自称していたが、晩年は人によく会い、上機嫌だった。藤本さんは、いとうさんの未完の仕事を引き継ぐ人が出てほしいと結んでいる。

（センター通信 第247号、2006年6月5日）

（追記）

この回想は、のち、藤本達生さんの著書 Tacuo Huĝimoto "Kromeseoj"（Riveroj, 2009）に収録された。本書にはいとう

かんじさんの思い出のほか、著者のエスペラントとの出会い、その後の活躍、その過程での梅棹忠夫との関わりなどについても詳細に語られている。日本を代表するすぐれたエスペランティストの人物像とエスペラント運動に果たした役割を知ることのできる貴重な本である。

　また、藤本さんが長年にわたって執筆された文章を収録したサイト "Verkoj de Tacuo" で、「いとうかんじと ludovikito」「追悼いとうかんじ」「富士正晴と伊東幹治」の３編の文章を読むことができる。最初の２編は "La Revuo Orienta" 2003年７月号、2005年８月号にそれぞれ掲載されたものである。

ちひろ

ソ

第4章

よみがえる人と書物

ランティと日本のエスペランティストたち

• はじめに

　ランティが横浜へ上陸したのは、今［1986年］からちょうど50年前の1936年11月のことであった。以後、翌37年12月に神戸から出港するまでの約1年間を彼は日本で過ごすことになる。本稿がめざすのは、この日本滞在中のランティの思想と生活、そしてとりわけ彼と日本のエスペランティストとの関わりをあきらかにすることである。といっただけでは余りにそっけないので、初めに大ざっぱな見取り図とでもいったものを書いてみたい。

　ランティが滞在したこの時期は、政治的には天皇制ファシズムが確立され、思想的にはマルクス主義のみならず自由主義にいたるあらゆる思想が抑圧され、日本主義へと統合されてゆく時期であった。この時期における象徴的な出来事をあげるならば、ランティが訪日した年には2・26事件が勃発しているし、翌37年には蘆溝橋事件が起こり、日本は日中戦争へ突入してゆくことになるであろう。

　また、日本のエスペラント運動についてみれば、当時、ファシズム化の進展の中で政治とのかかわりは避けがたいものになっていた。プロレタリア・エスペラント運動は、ランティの訪日に先立つ33年から34年に弾圧によってほとんど壊滅状態になり、各地で分散的に運動が続けられていた。しかしそれも、あたかもランティの滞在中に弾圧される。いわゆる中立エスペラント運動は非政治的であったが、そのことによって、なしくずし的に政治に巻き込まれていった。さらには、例えばランティが数か月生活をともにした竹内藤吉のように、日中戦争の勃発とともに、エスペラント報国同盟の設立により日本の中国侵略の正当性をエスペラントを通して喧伝しようというような、きわめてナショナリスティックな潮流

162

もあらわれる。これら当時の運動についてはいずれ本論でより詳細に触れることになるであろうが、ランティの日本でのエスペランティストとの出会いは、当時のこうした日本のエスペラント運動の置かれた状況に大いに制約されていた。

　他方、ランティについてみると、SAT内部でのSEU派との抗争、分裂を経て、33年には会長の地位を退いていた。その後35年には小冊子 "Ĉu socialismo konstruiĝas en Sovetio?"（ソヴィエトに社会主義は建設されているか）を、また35年から36年にかけては、雑誌 "Herezulo"（異端者）を刊行するなどして、確立されつつあったスターリニズムの問題性を執拗に追究していた。のみならず、一切の absolutismo を嫌悪した彼は、ナショナリスティックな風潮やファシズム化してゆく当時の政治状況に対しても深い関心と批判を失わなかった。彼が日本で書いた手紙や評論からも、われわれは彼の当時の思想的課題がどこにあったかをうかがうことができる。

　そうした両者が当時の日本の状況の中で出会ったとき、そこにはどのような思想的緊張関係が生じたか、あるいは、生じなかったか、これはきわめて興味ある問題である。このような観点から、ランティの思想と日本のエスペラント運動との交錯とすれ違いのドラマをえがきだすこと、これが本稿のテーマである。ランティとの出会いについては、すでに野島安太郎氏の論文*1 をはじめとしていくつかのエスペランティストの回想が公表されている。ここでは、それらをできるだけ利用させていただきながら、上記の

---

　1 ランティの日本滞在については、当時京都で刊行されていた雑誌 "tempo" の編集者であった野島安太郎氏の『中原脩司とその時代』（6）〜（9）（La Movado 1981年3月号〜6月号）（2000年に同名の書籍としてリベーロイ社より刊行）及び "tempo" 復刻版（名古屋エスペラントセンター出版会、1982）へのあとがきが、氏自身の回想を含めて詳細に論じられており、参考になる。

テーマに接近してゆきたい。

　話がどうも大上段になりすぎたが、きわめて個性的な思想家が日本を訪れ、多くの手紙やエッセイなどを書き残してくれているのである。しかも、それは日本近代における最大の危機の時代のことであった。これは、さきに述べたとおり、それだけでじゅうぶん興味深いテーマであるが、それだけではない。そこには、たんにその時代だけの問題であるにとどまらず、現代においてもなおアクチュアルな問題や発見がいろいろあるにちがいないとわれわれは考える。例えば、ランティの嫌悪したナショナリズムは、他民族への傲慢きわまりない優越意識というかたちをとって、いま、われわれの前に現われている。その意味では、ランティが当時提起した問題は半世紀の時のへだたりを越えてなお生々しい現代の問題でもあるように思われる。そうした点についても考えることができればと思う。

　なお、本稿は、筆者が坪田幸紀氏と続けている勉強会のいわば副産物であり、発想や資料について同氏に負うところが大であることを明記しておく。

・出発

　日本滞在中のランティの行動について見る前に、それに先立つ時期のことに簡単に触れておきたい。

　日本に旅立つ前後のランティをとらえていたのは、深いペシミズムと焦燥感であり、彼自身の表現を借りるならば、「いやしがたいメランコリー」であった。

　「どうあっても、旅行して空気を変えなければならない。実際のところ知的な仕事には耐えられそうにないのだ。平衡を取り戻すためには生活に何か変化がないといけない」

　そのように彼は、SAT 創立以来の年少の親しい同志バニエ（Lucien Bannier）あての手紙[*2]で語っている。

　これを読んだバニエは、その後、やはり古くからの同志であったグロドー（Louis Glodeau）にあてて手紙を書き、ランティのそうした心境に触れている。それによれば、ランティは彼に、旅行の目的は精神の平衡、生活における興味、存在理由を再発見することであり、それに失敗すれば自分は自殺するだろう、と述べたとのことである[*3]。

　こうしたメランコリーの原因については、ことが内面に関わるものであるだけに軽々な判断はできないが、それでも、その外的なきっかけといったものはいくつか考えることはできる。

　まず、1920年代以来のSAT内部でのドレーゼン派との多年にわたる確執、そして分裂、その過程での非難の応酬があげられる。そして、そもそもそうした対立の前提として、ソヴィエトにおけるスターリン主義の確立、強化があった。彼は35年から36年にかけて自ら主宰した雑誌 "Herezulo" などでスターリン主義やそれに奉仕するエスペラント運動のありようを激しく非難したが、相変わらずソヴィエトへの広い支持はやまない。それどころか逆に彼自身が反革命的だとして非難される。こうしたことが彼の精神状態によかったはずがない。

　例えば、1935年に鼎談のかたちで刊行された『ソヴィエトに社会主義は建設されているか』にも、善良にして熱狂的なソヴィエト支持者のRuperなる労働者が登場するが、彼は、他の二人がいくら事実をあげてスターリン支配の実態を説いても頑として認めず、ついに彼らを悪質な反ソデマゴーグと非難して、憤然としてその場を去るのである。かなり戯画化されているとはいえ、こうしたタイ

2 1936年3月17日付け（未公刊）。

3 1936年4月24日付け（未公刊）。

ランティと日本のエスペランティストたち

プが当時のソヴィエト支持者のひとつの典型ではあったのであろう。その後の人民戦線戦術の採用によって、ソヴィエト支持者の態度も変わったが、そのことも彼には、自立性を保つべき労働者エスペラント運動がその時々の戦術に左右されていることのあらわれとしか考えられなかったであろう。

　そればかりではない。バニエがのちに語っているところによれば、私生活の面でも問題があった。彼によれば、1926年から同棲を始め、1934年には正式に結婚していた妻のエレン・ケイト・リムジン（Ellen Kate Limousin）との仲がうまくいっておらず、そのことがパリを去った原因だというのである[*4]。

　ともあれ、こうして、パリを離れること、そのことに精神と生活の危機の打開が求められた。ではパリを去ってどこへ行くか。彼が考えたのは日本であった。ではなぜ彼は、他ならぬ日本を選んだのか。そして、日本、さらにはアジアの状況についてどのような認識を持っていたのか。こうした点についてはのちほど触れたいと思うが、それはともかくとして、遅くも1936年には日本へ行くことが真剣な検討の対象となっていたようである。

　出発の意思を固めたが、その後のことなど身辺を整理しなければならない。妻との関係、外国での生活費のこと、SATのこと、そして、日本についての情報。そのような仕事に忙殺されたあと、いよいよ、1936年6月11日、彼はパリを立ち、「長らく計画していた脱出」を敢行する。

　まず彼が訪れたのはバレンシアであった。そこに1週間滞在したのち、マドリッドを訪れた。彼がスペインを立った直後の7月18日には、モロッコで起きたファシストの反乱がスペイン本土にも波及し、スペイン内乱が勃発する。また、ランティがまだパリ

4　奥山康治「オーウェルとエスペランティスト」早稲田大学法学部『人文論集』第24号、1986年。

にいた５月に、フランスでは総選挙が行われ、人民戦線が勝利、6月４日にはレオン・ブルム人民戦線内閣が成立している。30年代後半の危機のあらわれとしてのこうした政治的事件をランティは同時代人として目のあたりにしていたわけであるが、これらも彼のペシミズムを何ら解消してくれるものではなかった。

フランスの人民戦線について、彼は７月11日付けのパリの同志あての手紙でこう書いている。「ブルムがフランスにおける状況に関して、何か積極的なものに到達することができるとは、全く考えない。逆に、私は混乱、大いなるカオスを予想している」

スペインについてはどうか。マドリッド滞在中の７月３日付けのバニエあての手紙では、これもやはり極めて悲観的である。「恐らくスペインは間もなく世界を驚かすだろう…その狂気によって。ここスペインで、ソヴィエト以上によく社会主義体制を成立させることができるとは私には信じられない」*5

７月には、リスボンを訪れ、それからリスボン北西の観光保養都市シントラに滞在したのち、リスボンに戻る。９月28日には、ポルトガルのエスペラント・グループが禁止され、ランティ自身も官憲に監視される。そして、10月５日に彼はリスボンを出発する。

そのようにして、ランティは、緊迫するヨーロッパの政治情勢のただなかを旅行したのち、いよいよ11月28日に横浜に到着することとなるのである。

• 検疫停船——東京での日々

ランティのほぼ１年間にわたる日本滞在は、大きく三つの時期に分けることができよう。すなわち、第１は、1936年11月の横浜

ランティと日本のエスペランティストたち

5 以上の二つの手紙は、いずれも "Leteroj de E. Lanti"、SAT、1940 に収録されている。

167

上陸以降の東京滞在の時期であり、第2は、1937年5月から、石川県山代町の竹内藤吉のところに住んだ時期、第3は、9月から日本を去る12月までの大阪に居住した時期、である。

いずれの時期にあっても、彼は、フランスの同志たちにあてて手紙を書き、あるいは雑誌の原稿を執筆している。そういう意味では、彼自身の内面生活に格別大きな断絶があったわけではない。そもそも、いかに異境にあったとはいえ、すでに50代後半の人間の内面にそうドラスティックな変化が起こるということは考えにくい。

にもかかわらず、上のような時期区分をあえて持ち出したのは、それぞれの時期に面白い問題がはらまれていて、やや大げさにいえば、当時の日本エスペラント運動の断面に異邦人としてはからずも触れているようなところがあるからである。詳細はおいおい述べてゆくことにしたいが、まずはその前提作業として年譜風に事実の整理を試みたい。

第1の東京滞在の時期から始めよう。

日本へ着いた日の翌日、11月29日にランティは第4回 FER（鉄道エスペランティスト連盟）大会に出席している。このことは、"La Revuo Orienta" 誌1937年1月号の「全国各地報道」欄に掲載された記事（無署名）によって知られるが、ただそれには、たんに「Adam 氏の saluto」とあるだけである。その記事をみると、小坂狷二、岡本好次らも出席しており、掲載されている夜の懇親会の写真では、ランティが小坂の隣席に座っている。両者のあいだにはどのような会話があったのであろうか（あるいはなかったのであろうか）。ランティの手紙にも、このことについての言及は見当たらないようである。小坂は、1927年にパリで長谷川理衛がランティのところに下宿していたことから、ランティに合計7回会ってお

り、ランティとは旧知の仲だった。*6

　ランティの手紙に登場する日本人エスペランティストとしては、三宅史平がいる。当時、三宅は日本エスペラント学会の書記の職にあった。つまり、日本エスペラント運動のいわば実務を担っていたわけであるが、三宅だけでなく、何とかエスペラント運動を存続させたいと考えていた当時の JEI 幹部にとっては、コミュニストあがりの外国人エスペランティストの来日などは、さぞかし迷惑なことであっただろう、というのは容易に想像がつくところである。あたかも、この年の12月、プロレタリア・エスペラント運動は全国一斉に検挙されている。そのような情勢下で、三宅らとしても慎重にならざるを得なかったであろう。ランティの手紙で記述されている次のような事実は、そうした三宅らの苦慮を示すものであろう。

　まず、リスボン滞在中のランティの手紙によれば、JEIあてに出した手紙に対する返事が届き、そのなかで、ランティの日本への入国について JEI として公的に協力するわけにはゆかない旨が記されていた。というのは、ランティの言動が日本に対して好意的なものでなかった場合には、協力したがためにJEIの存在が危うくなるからだというのである。*7

　また、来日後の12月9日、JEI近くの文化アパートメントに止宿していたランティのもとへ、三宅が通訳として警官5人とともに訪れて、彼の経歴について尋問している。警官は、ランティに対して、ボリシェヴィキと接触するな、と言った。

　「これに答えることは簡単だった。なぜといって、ボリシェヴィキのほうで私と関わりを持つのは願い下げだろうし、私のことを

6　小坂狷二「華の巴里にて」「活躍のベルリンへ」「さらば伯林、さらば巴里」La Revuo Orienta 1928年2、3、12月号。

7 "Leteroj de E. Lanti" p.123.

ランティと日本のエスペランティストたち

裏切り者、卑劣漢だと考えているから」。警官の訪問を伝えるグ
ロドーあての手紙で彼はそんなことも言っている。*8

　なお、当時の "La Revuo Orienta" を見ても、ランティの訪日に
ついての記事はほとんど見当たらない。わずかに、「全国各地報
道」欄にさきのFER大会への出席をはじめ3度ほど、アダム氏と
して登場するほか、「新聞雑誌とエス欄」に関係記事だけがそっけな
く紹介されている程度である。周到な配慮であるという印象を受
ける。

　そんなわけで、ランティに対する東京でのエスペランティストの
雰囲気は冷たかった。エスペランティストの会合を訪ねることもで
きず、街角でエスペランティストに出会っても、彼らはランティを
ペスト患者でもあるかのように避ける。まるで検疫停船（kvaran-
teno）だとランティは嘆いている。*9

　エスペランティストとの交友はできなかったが、そのかわり、
ひとりの画家との間に親交が生ずることになったのは皮肉であっ
た。菅野圭介（1909〜1963）との出会いである。これは全くの偶
然によるものだった。37年1月ごろ、ランティが一人で酒を飲ん
でいたところへ、菅野が声をかけたのがきっかけであった。菅野
はフランスから帰国して間もない新進の画家で、この出会いの後、
ランティと急速に親しくなり、毎日のように夕食をともにし、また
伊東温泉へ出かけたりもしている。7月には菅野宅へ一泊してい
る。ランティとの交友のせいで菅野宅には警官が3度も訪れた
が、それでも交際は止むことがなかった。この点で、菅野は「東京
のエスペランティストより勇気がある」と、ランティはバニエあて

---

8 1936年12月9日付け（未公刊）。

9 バニエあての手紙。"Leteroj de E. Lanti" p.133.

の手紙で書いている。*10

　この菅野自身はエスペランティストではなかった。しかし、幼年時代に菅野が世話になったのが土井晩翠で、その息子の土井英一（1909〜1933）がエスペランティストだった。

　なお、向井孝によれば、ランティは4月ごろ、山鹿泰治を訪ね、"Plena Vortaro" の縮刷版の刊行の話がまとまったが、その直後、フラン大暴落のため、この話はつぶれた。石川三四郎にも会っているとのことである。*11

・検疫停船——東京での日々（続き）

　のっけから個人的な感想にわたることをお許しいただきたいのだが、私などには、50代も半ばを過ぎてから、それまでの生活を一切放棄して異国の地にひとりで暮らすことを選んだ人間の心情は、正直のところよくわからないのである。

　もちろん、彼はパリや世界各地の同志たちと活発に手紙のやりとりをしており、それらを通じた情報のネットワークを持っていた。この意味では、彼は決して孤独だったとはいえまいが、それでも、彼が妻や友人との直接的なつながりを自ら切断したことには違いないのである。老境にさしかかったひとりの人間にそういう転機が訪れるのは無論あり得ないことではないだろう。だが、それにしても、それまでの人間関係を断ち切るようにして生活の転換をはかるというのは、よほどの強固な意思のあらわれに違いある

ランティと日本のエスペランティストたち

10　1937年3月15日付け（未公刊）。

11　(6) 向井孝『山鹿泰治—人とその生涯』自由思想社、1984、p.138。なお、山鹿の義弟島津徳三郎は、ランティを山鹿の自室にかくまい、当局に調べを受けたが、こっそり逃がした、云々と述べている（「同志山鹿泰治を偲んで—エスペランティストとしての片鱗」"Nova Rondo" 19号、1971, p.21以下）。しかしこれはややドラマティックにすぎるように思われる。

まい。しかし、そういってみたところで、何を理解したということにもならないだろう。

　それとも、そうではなくて、そうまでして脱出を企てさせるほどにパリでの生活が苦痛に満ちたものだったということなのだろうか。実際そうであったらしい節も、彼の手紙のはしばしにうかがえる。もう二度とフランスにもヨーロッパにも戻りたくない、と彼は何度も述べているのである。以前に触れたような、私生活の破綻と運動のなかでの孤立が、彼をしてそのような発言をさせたのだろう。一応はそう解するにしても、それでもなお、彼を襲い、それまでの生活を放棄させたこの老年の危機の深刻さが了解されるわけではないのである。

　しかし、このような漠然たる感想をいくら連ねてみても、あまり意味はないだろう。せめて、もう少し具体的に、東京滞在時の手紙を参照しながら、当時の彼の心境や関心事などをうかがってみることにしよう。

　ランティは無論、エスペラント運動から全く引退したわけではなかった。手紙でも、エスペラント運動、とりわけ労働者エスペラント運動について大いに論じている。それは、東京ではこうした問題について議論する相手もいなかった、ということの間接的な証拠であろう。いわば、これらの関心については、彼はいまだヨーロッパに、パリにいたのである。本来なら胸襟を開いて語り合えるはずのエスペランティストたちが眼の前にいながら、彼らからは避けられ、遥か彼方のヨーロッパと手紙のやりとりをして、わずかに慰められていたのである。まさに隔離（kvaranteno）としかいいようのない状況であった。

　ともあれ、パリでの生活の破綻、加うるに、あれほど期待して訪れた日本での、こうした警戒のなかでの孤立状態。これらが相まって、彼の心情をいよいよペシミスティックなものにしていっ

た。

　「もう何日も、私は幻滅、苦悩、絶望のうちに溺れている。…
絶望し、生きるのがいやになったこともある」[12]

　これは、パリの同志たちにあてた手紙の一節である。

　また、くわしくは後述するが、ソヴィエト社会主義の状況も、こ
のころの彼の念頭を去らなかった。すでに1922年にソヴィエトに
行ったときに、ロシア革命が労働者階級に幻想、その後には苦々
しい幻滅をもたらすに過ぎないものであることを確信したのだ、
と彼はこのころの手紙で述べている。[13]　これは、自らの先見性へ
の誇りなどというものではあるまい。一時はコミュニストであっ
た彼にとっても——多くのヨーロッパ知識人と同様に——革命ソヴ
ィエトが未来への希望であった時期はあったはずである。その希
望が眼の前で少しずつ崩れてゆくのを、彼もまた見届けざるをえな
かった。「粛清」を伝える情報が入ってくるとともに、ソヴィエト
に住む知人の音信が次第に途絶えるという彼自身の体験、あるい
はドレーゼン一派との闘争を通じて、彼はソヴィエトにおけるスタ
ーリン体制の成立を認識していったのである。いずれまた触れるで
あろうが、彼の年来の激しいソヴィエト批判は、そのような個人的
体験に裏づけられていた。

　それゆえ、私は夢想するのだが、ランティは、いわゆるプロレ
タリア・エスペラント運動の活動家であった人々と日本において
出会う機会は現実には殆んどなかったけれども、かりにその機会
に恵まれたとしても、両者の間で果たしてどれだけ生産的な対話が
可能だったであろうか。当時の日本の労働者エスペランティスト
には、ランティのようなリアルなソヴィエト認識は望むべくもなか

ランティと日本のエスペランティストたち

---

12 "Leteroj de E. Lanti" p.139.

13 1937年4月14日付け、Valence d' Agen あての手紙（未公刊）。

った（日本に限ったことではない。ヨーロッパにおいてすら、事態は似たようなものだったのだ）。だからして、ランティがかりに彼らに対して「赤色ファシズム」としてソヴィエトを批判し、スターリン主義の成立を説いたところで、それはたんに反共デマゴギーとしか映らなかったのではなかろうか。もちろん、そうだったとしても、それは、上述のような体験を共有しうるような客観的な条件が極東の島国日本のエスペランティストには欠けていた以上、やむを得ないことではあっただろうが、ともかく、幸か不幸か、そのようなすれ違いのファルスが実際に演じられることはついになかったわけである。

　以上、東京での彼の精神生活の一端を手紙からうかがってみた。その基調低音をなしていたのは、一言でいえば、彼自身のそれまでの人生と当時の政治状況への深いペシミズムであった、ということができるであろう。

• ナショナリストとの共同生活

　ランティは、1937年5月から、石川県山代町で竹内藤吉 (1895〜1964) と一緒に暮らし始める。これは、竹内が東京にいたランティに手紙を書き、また、わざわざ上京してランティにすすめ、さらに自ら警視庁のエスペラントの担当の係へも出頭して警察を納得させたことによって実現したものであった。

　ところで、竹内は、そもそもどのような思惑からわざわざランティを招くことにしたのか。この点については、竹内自身が信濃毎日新新聞に書いた「蘭亭氏を迎へる」なる一文*14 に詳しい。それによれば、彼がランティに関心を持ったきっかけは、雑誌 "Herezulo" を読んだことにあるというのである。そうして、ランティが政治に巻き込まれずエスペラント運動を守ったこと、仏教に

---

14 竹内藤吉「蘭亭氏を迎へる」信濃毎日新聞 1937年3月30、31日。

深い関心をいだいている求道者であること、などが彼の共感を呼んだのだという。反面、"Herezulo"の発刊のモチーフをなすランティのソヴィエト批判について、竹内がどう受け止めていたのかについては全く触れていないが、これは時節柄やむを得なかったとすべきであろうか。

なお、ランティを都会から遠く離れ、ほかにエスペランティストもいない田舎へ引き取り、いわば隔離することについて、JEI（とりわけ三宅史平）と竹内との間に黙契ができていたことはじゅうぶん考えられるところであるが、それを証するに足る証拠はない。しかし、前記の文章を見る限り、彼は自分のやっていることの意味は充分承知の上であったと思われる。

竹内の人物、経歴について、調査不充分のため、どうしてもランティの目に映じた竹内像に引きずられることになるが、大ざっぱな言い方を許してもらえるならば、一種の奇人であったことは争えないようである。当時の新聞記者もそう感じたらしく、その「かぎのかからん家」での初老の外国人との共同生活を取材した記事は、ランティによれば、いささか揶揄的な内容のものであったらしい。

ランティの手紙をたどってゆくと、当初は農村での生活を珍しげにあれこれと書いているが、8月ころから竹内に対する感情が次第に冷え込んでゆくさまがうかがえる。ランティは、竹内を次第に警察のスパイと考えるようになる。そのきっかけは、竹内の家をしばしば警官が訪れたこと、また、夏頃にランティが上京して画家の菅野圭介の家に泊まったとき、同行していた竹内が警察に通報したために、菅野が3回も警官の来訪を受けたことにあったようである。しかし、それと同時に、そもそも両者の思想的立場の相違からして対立は当初から決定されていたのではなかろうか。

ランティは、すでに日本を離れた1937年12月25日にオーストラ

リアからラバルにあてた手紙で、竹内のことを次のようにほとんど悪罵に近い口調で書いている。

「しまいには、私は、この骨の髄までのナショナリスト、どもりのエスペランティスト、お脳の弱い仏教徒の顔につばを吐きかけてやりたいという思いを抑えなければならなかった」

大変な口調である。こうなったについては、ひとつには、ランティ自身の気質、偏屈さのせいもあったであろう。そのために彼はすでにこれまでも幾度も摩擦を引き起こしたし、これからも起こすであろう。

しかし、他方で、竹内自身にも問題があったのではなかろうか。といっても、必ずしも性格や人物のことをいっているのではない。竹内には、ランティがいっているように「ナショナリスト」であり、「エスペランティスト」であり、「仏教徒」であるという三つの側面があったが、そのうちとりわけ「ナショナリスト」としての側面、あるいはナショナリズムとエスペラントとの結び付きがランティをいたく刺激したのではないかと思うのである。さきに、両者の対立は不可避だったのではないかといったのはまさにこの点である。

朝比賀昇の論文[15] によれば、竹内は、――これはランティが竹内のもとに滞在していた時期と重なるのではないかと思われるが――エスペラント報国同盟の設立の動きにも関わっていたとのことである。そこに引用されている竹内の文章を見る限りでは、いかにもファナティックで読むに堪えない。後年、竹内が死んだとき、伊東三郎は追悼文[16] で彼を「菩薩」と形容したが、その竹内

---

15 朝比賀昇「エスペラント報国同盟結成のころ —1937・1938年の愛国的 E 運動について—」 NOVA RONDO 25号、1973年。

16 伊東三郎「藤吉菩薩竹内和尚の菩提を弔う」 La Revuo Orienta 1964年9月号。

も、この頃は、ナショナリスティックな風潮のなかで、本気でエスペラントを「日本主義昂揚」のために役立てようと考えていたのである。そうして、ランティとの生活においてもそのような発想は現われずにはおかなかったのではあるまいか（両者の間に具体的にどのような議論がかわされたのかは、必ずしもはっきりとしないが）。ランティは、一番強固なイデオロギーはナショナリズムであるとしばしば書いているが、その他ならぬ彼が、はからずもナショナリストと一緒に暮らしてそのことを実感せざるをえない羽目に陥ったのである。皮肉なことであった。

　現在のわれわれからみれば、ナショナリズムとエスペラントとのこうした結び付きは奇異なものに映る。エスペラント運動が本来的に国家の壁を越えて人間同士を直接に結び付けようとする志向を内在させている以上、ナショナルなものの無制限な拡張に対しては否定的たらざるをえないからである。しかし、日中戦争前夜の1937年当時にあっては、これは決して竹内ひとりの特異なケースではなかった。

・関西での日々——"tempo" との出会いを中心に

　1937年9月、ランティは竹内のもとを去り、大阪に移った。そして、12月に日本を去るまで、そこで暮らすことになる。ランティの日本滞在の第三の、そして最後の時期である。

　この時期のランティについては、彼と直接接触した人々による資料がかなり残されているので、まずはそれらや彼の手紙などに拠りつつ、ランティの足取りをごく簡単に整理してみることにしよう。

　これはまだ大阪へ移住する前のことであるが、7月14日にランティは竹内とともに国内旅行に出た。まず京都を訪れ、"tempo" の発行元のカニヤ書店で同志数人と話している。次いで、16日に

は、大阪で大阪エスペラント会のメンバーと会食している。それから、奈良を経て18日には名古屋を訪れ、由比忠之進、内田英夫の案内で名古屋城を見物している。その後、横浜を経て東京へ行き、東京にいた時に知り合った画家菅野圭介宅へ泊まった。

　9月2日には竹内のもとを去り、大阪に住み始める。20日には、左手にはれものができたため、外科医院で治療を受けている。歯の治療に1か月通ったりもしている。その他、エスペランティストたちと奈良などへ日帰り旅行をしたり、料亭に行ったり、京都では京都エスペランティスト連盟のメンバーに送別会を開いてもらったりするなど、東京時代に比べ、エスペランティストたちとの活発な交流がこの時期の特色である。それから、創立の時からの SAT 会員であった（もっともこの時にはすでに脱会していた）福田国太郎（1886〜1940）とも会っている。なお、「大阪エスペラント運動史」の年表には、9月にプロエス関係者がランティに会おうとしたが、特高の妨害により会えなかった、とある。そうして、大阪に移り住んでから3か月後の12月3日にはいよいよ「めるぼるん丸」で神戸港を出発、翌4日に門司港へ着き、23日にシドニーに到着している。

　ごく大ざっぱにまとめてみると、こんなところである。それぞれのできごとのディテールについては、脚注＊28 にあげた文献が当時の雰囲気をいきいきと伝えているので、それらを参照していただきたい。ここでは、ランティと接触した関西のエスペランティストとして、川崎直一、桑原利秀、進藤静太郎らの名前をとりあえずあげるにとどめる。

　むしろ、ここでやや詳しく触れておきたいのは、当時京都で刊行されていたエスペラント雑誌"tempo"（1934〜1940）とランティの関わりである。同誌にはランティとのインタビューや彼の論文が何度も掲載されているのである。

　"tempo"については、その編集者のひとりであった野島安太郎氏が本誌に「中原脩司とその時代」と題する長文の回想を執筆しておられるから、詳細についてはこれを参照されたいが、ひとことでいえば、いわゆるプロレタリア・エスペラント運動のみならずマルクス主義の立場に立つ政治、文化運動が警察の弾圧によってほとんど壊滅し、弾圧が自由主義者にも及び始めていたころに登場した全文エスペラントの雑誌であり、エスペラント雑誌としては、時事問題、文学、芸術、自然科学など、きわめて多様な分野にわたる論稿（翻訳が多いが）を掲載している点で異色である。

　ところで、この時期の京都における政治、文化運動については、すでに多くのひとたちが語っているところであり、とりわけ、ヨーロッパの反ファシズム運動を日本に伝えようとして創刊された雑誌『土曜日』や『世界文化』の存在はよく知られている。エスペラント界も、もちろん、そうした同時代の風潮に無縁であったわけではない。"tempo"も、明確な政治的立場に立脚していたわけではないにせよ、そうした時代の雰囲気をよく紙面に反映しているといえる。例えば、スペイン内乱についての記事、ナチスの文化政策への批判なども掲載されているし、三木清、三枝博音から美濃部達吉、河合栄治郎、長谷川如是閑、天野貞祐ら自由主義者に及ぶ当代の知識人の時務的発言も多数訳載されている。

　ひっくるめていえば、"tempo"が、若い知識人たちによる雑誌として、当時の弾圧の中での「人民戦線的雰囲気」（平野謙）をよく反映していたことは疑いえないところであろう。

　ランティと"tempo"との出会いは、それ自体としてはもちろん偶然の所産には違いない。しかし、以上のような"tempo"の特色をみるとき、両者の出会いはいかにもこの時代にふさわしいものであったと考えられるのである。

　興味深いのは、しかし、それだけではない。この時期の"tempo"

の紙面を見ていると、1937年7月の日中戦争勃発後、その立脚点が「批判」から「翼賛」へと次第に微妙な変化をとげてゆくことがうかがえるが、ランティが京都を訪れたのは、まさに前者から後者への転換点にあたるきわどい時期であった。この点においても両者の出会いはまことに興味深いできごとなのである。

　話がどうも抽象的になりすぎたようである。ランティの手紙などによりつつ、できるだけ具体的な話題を中心に、もう少しランティと関西のエスペランティストとの出会いの意味について考えてみることとしたい。

• 関西での日々——“tempo”との出会いを中心に（続き）

“tempo”について、もう少し続けたい。

　前回にも述べたとおり、“tempo”には、ナチスの文化政策を批判したり、スペイン内乱を報道したりして、自由な立場から当時の政治、思想状況を批判しようとする姿勢があった。

　ところが、1938年12月に、重慶にいた長谷川テルは、次のように“tempo”を批判したのであった。「相当前から出ている京都の“tempo”もいまではブルジョア自由主義の古い旗を降ろし、ファシズムの旗をかかげました」。[17]

　「ファシズム」とは穏やかでないが、この批判は国外にあったテルの全くの的外れな批判なのであろうか。必ずしもそう言い切れないところに“tempo”のはらむ問題性がある。

　盧溝橋事件が1937年7月に起き、日中戦争が勃発する。このころから次第に論調が変わっていくのである。前回、マルクス主義者や自由主義者の論考が多数掲載されていることに触れたが、論調の変化は、掲載されている知識人の顔ぶれの変化からもうかがわれ

17　『全世界のエスペランティストへ』（竹内義一訳）、宮本正男『長谷川テル作品集』（亜紀書房、1979）p.143。

る。参考までに、このころ"tempo"に登場した論者を何人か紹介
しておこう。

　第38号（1938年1月）には本荘可宗が登場する。彼は、学生時
代には新人会に属したが、日中戦争以後、超国家主義的運動に近
づき、翼賛会の地方指導者となった。戦後、追放。その著書『青
年と死生観』（1944年刊行）がたまたま筆者の手元にある。戦争
での死に赴く青年たちに、その死の意味を説く役割を果たした多
くの本のうちのひとつだ。

　第40号（1938年3月）には加田哲二の名前がある。加田は慶応
大学教授で、マルクス主義の影響を強く受けてはいたが、マルクス
主義者であったことはなく、昭和研究会に参加し、東亜協同体論
を論じ、翼賛体制下では大日本言論報国会の理事をつとめた。敗
戦後、追放に該当。

　第43号（1938年6月）には白鳥敏夫の論文が掲載されている。
外交官、政治家。1938年駐イタリア大使、40年日独伊三国同盟締
結に活躍。42年衆議院議員、43年翼賛政治会理事。敗戦後、A級
戦犯として終身禁固刑の判決を受け、服役中病死した。

　これらの論者は、いずれも今は全く忘れられているが、当時は
総合雑誌などで論陣を張り、それなりに名を売った知識人たちで
あり、ことに、本荘や加田は、マルクス主義的立場から次第に国
家主義的立場に移行＝「転向」した人物である。そうして、"tem-
po"掲載の論文では、本荘は「支那事変」が新たな指導原理＝国
家主義の時代を開いたと主張し、加田は「過渡期」のイデオロギ
ーの問題を主張する。

　もちろん、こうした論者の文章を掲載したからといって、ただち
に"tempo"の編集者もまた、その論旨に全面的に共感していたの
だなどと主張するつもりはない。恐らく、"tempo"の編集者は、時
代の証人として同時代の記録者たらんと努めたのであろう。ま

ランティと日本のエスペランティストたち

た、いうまでもないことながら、"tempo"だけが特異であったわけではない。"tempo"に掲載された論文の多くは、当時の総合雑誌や新聞などからの転載であって、そうした意味からも、その紙面は当時の風潮を反映しているのである。"tempo"の編集者がその批判的姿勢のゆえに２度も留置場に入れられたり、発禁にあったりしたことも付け加えておくべきであろう。

　とはいえ、以上の紹介からしても、長谷川テルの批判が全く根拠のないものではないことはやはり否定しがたいのではないか。"tempo"が全体として、全面戦争に至る過渡期における良心的知識人の苦闘を示すものであることは否定しないが、それを前提としたうえでなお、その紙面から見るかぎり、当時のナショナリスティックな風潮を反映していることは否定しがたい事実なのである。

　また、日本的なものへの言及、例えば、萩原朔太郎の有名な『日本への回帰』の翻訳（37号。1937年10月）や金松賢諒の「文化の抹殺」と題する「日本的なもの」への批判的論及（36号。1937年11月）などの記事が見いだされる。これらもまた、ナショナルなものに関心が向けられていたことの現われである。エスペランティストがそのような関心を持つこと自体には何の不思議もないけれども、"tempo"の数年間の推移のなかに置いてこれをみるときは、モダニズムから日本的なものへのこうした関心の推移は、いかにも時代の忠実な反映であると考えられるのである。

　ここでは、"tempo"そのものの分析を主題にしているわけではないので、これ以降の同誌の推移については省略するが、通読してみると、たかだか数年間でこれほどまでに変わるものかと驚かされる。そのことは、とりもなおさず、"tempo"がそれだけ終始一貫して時代と正面から向き合っていたということにほかならないが。

　さて、ランティである。彼は"tempo"そのものに長期的に関わりを持ったわけではなく、"tempo"を明示的に批判しているわけでもない。とはいえ、彼は、ソヴィエトにおけるエスペランティストの粛清やスペイン内戦などの経験を通じてリアルな社会主義認識を持たざるをえなかった。従って、ランティからすれば、そのような事情を知るよしもない日本の知識人はずいぶんナイーヴに映ったのではないか。また、なしくずしにナショナリズムに傾斜してゆくさまは、弾圧の苛酷さを理解していたとはいえ、ランティからすれば容認しがたいものだったのではあるまいか。とはいえ、これらはあくまでも推測であり、明確な根拠があるわけではないのだが。

• まとめにかえて

　ランティの日本滞在をめぐるわれわれの旅も、そろそろ終わりが近づいてきたようである。そこで、以下、これまでの記述の整理の意味も兼ねて、2、3のテーマについてやや立ち入って考えてみたい。

　当時のランティの関心を占めていたものとして、まず、ソヴィエトにおけるスターリン主義の問題があった。それは、たんに知的な欲求の対象であるだけでなく、彼自身の体験や信条と深く関わるものであった。すなわち、ランティはすでに革命後の早い時期（1922年）にソヴィエトを訪れているが、そのときの体験（『ロシアにおける3週間』"Tri semajnojn en Rusio"（"El verkoj de E. Lanti 2", SAT, 1982 に収録）を参照）から、ソヴィエトの体制に疑問を抱くようになった。さらにまた、労働者エスペラント運動のヘゲモニーをめぐる、ドレーゼンら SEU 幹部及び西欧におけるその同調者との長年にわたる確執を通じて、彼らの体質を知りつくすことになった。

そうした体験を重ねるなかで、ランティは、ソヴィエトの公認の
イデオロギーや公式出版物でなく、非公式情報や自身の経験から
出発することの重要さを痛感することになる。そうして、その認識
の形成においてエスペラントによる情報のネットワークが大きな
役割を果たすことになった。彼がソヴィエトに小さな情報網を持っ
ていたことを、評伝の著者は指摘している*18（もっとも、そうし
た情報網も、粛清の過程で次第に失われてゆくのではあるが）。
また、革命的情熱に駆られてソヴィエトにおもむき、やがてその現
実に失望して戻ってきた知人からの情報も役に立った。

　ランティは、1936年夏ごろにリスボンで書いた手紙（未公刊）
で、ジノヴィエフ、カーメネフらに対するいわゆる16人裁判に言及
している。この裁判は、あの悪名高いモスクワ裁判のはじまりを
なす裁判であるが、ヨーロッパにおいても、ロマン・ロラン、バル
ビュス、フォイヒトワンガーなど、多くの知識人はなお、裁判を、
そしてまたスターリンを支持していた。これに対し、ランティはそ
れが茶番にすぎないことを正確に指摘したのである。さらに、ラ
ンティは、その裁判の背後に、ひとにぎりの特権的官僚（ノーメン
クラトゥーラ！）が人民のうえに君臨する巨大な官僚制国家が、
また、ソヴィエト・ナショナリズムが形成されつつあることを鋭く
見てとっていたのであった。

　従ってまた、PEK（Proleta Esperanto-Korespondo）について
も、ランティから見れば、ソヴィエトのプロパガンダやスターリン
主義の強化に奉仕する道具にすぎないのであった。党派を超えた
社会主義労働者の組織として、彼らを教育、啓蒙することにこそ労
働者エスペラント運動の意義があるのであり、特定の政党の戦術
（人民戦線戦術もしかり）によって運動が左右されることは、ラン
ティの立場からすればとうてい認めがたいことなのであった。

---

18 E. Borsboom "Vivo de Lanti", p.125.

こうした認識を有していたのはむろんランティひとりではなかったであろう。しかし、こうした見方を日本のエスペランティストがどの程度、共感とまではいわぬまでも、理解しえたかとなると疑問である。むしろ大方は、ランティの主張を、マルクス主義によってすでに克服ずみのアナクロニズムとしか見ていなかったのではないか。

例えば、高木弘（大島義夫）は、ランティの sennaciismo を評して、「歴史的な発展過程を無視した空想主義」であり、「圧迫された小市民に当然生じる性質のもの」であるという。それゆえ、「第1次5個年計画に突進してゐたソヴェート同盟」などで、現実の階級的利害と結び付けてエスペラントを実用していたエスペランティストは、ランティのそうした「ウトピイスモ」を排し、また、「ランティのソヴェート攻撃」に抗して、IPE（Internacio de Proleta Esperantistaro）結成に及んだのだという。*19 これは IPE に自己同一化している者からすれば当然の見解であったのだろう。しかし、そのほかならぬソヴィエトにおいて当時どのような事態が進行していたのかについての懐疑を、この文章から——さらにまた当時の左翼的エスペランティストの文章からも——うかがうことは困難である。

現在の時点から振り返ったとき、よりよく事実をとらえていたのはいずれであろうか。体系としてのマルクス主義を受け入れることによって、ランティよりもはるかに進んだ地点に達したと考えた者は、そのことのゆえに、ソヴィエトの現状についてのランティの指摘をたんなる非難中傷としか見なさず、そのことにより、結果的にはソヴィエトにおける粛清から目をそむけ、これを追認することになったのではなかろうか。「ウトピイスモ」は果たしてどちらだ

---

19 高木弘「UEA・SAT・IPE」『エスペラント』（"La Esperanto-Lernanto" 1936年3月号。

ったのであろうか。もちろん、現在からみれば、ランティの見解についても種々異論はありうることだろう。しかし、それにしてもやはり、ランティが、すでに半世紀も前に、スターリン主義をその生成期においてこれだけ明確に批判していたこと自体は評価に値することなのではないだろうか。

ランティがさまざまの資料、断片的事実からソヴィエト認識を組み立てていった方法や過程は、それとして検討に値するが、ここではとうていその余裕はない。ここではただ、ランティが、たゆみない事実探求の姿勢をつねに強調していたことを指摘するにとどめる。[20]

• まとめにかえて（続）

「現在において最も強力なイデオロギーはナショナリズムである」とランティはしばしば述べている。ランティのナショナリズム論は、生涯にわたって彼の思考の中心を占め続けた問題であるが、まともに扱うには私などには荷が重すぎる。それで、ここでは、来日前後の時期にしぼって、彼のナショナリズム論について大まかなスケッチを試みたい。

さて、ランティが日本に滞在した1936年から37年にかけての時期は、まさに日本が日中全面戦争へと突入してゆく時期であった。ランティが山代にいた1937年の7月には盧溝橋事件が勃発、同年12月11日には——これは彼の離日直後のことである——南京陥落を祝う祝賀行事が全国で繰り広げられることになる。そして、8月24日には国民を戦争支持、協力へ向けて動員しようとするために、国民精神総動員運動実施要綱が閣議決定されることにな

20　なお、前回引用した、本荘可宗、加田哲二、白鳥敏夫の経歴については、思想の科学研究会編『共同研究転向』下巻（平凡社、1962）所収「転向思想史上の人びと」によった。本荘は、戦後、中部日本新聞（現・中日新聞）論説室客員をつとめたが、1987年6月6日死去した。享年96。

る。ランティが "tempo" 1938年5月号にシドニーから寄稿した "Pri Orientaj Aferoj" には、こうした事態を踏まえた当時の日本の中国侵略に対するリアルな認識が示されている。

また、書簡*21 によれば、ランティが山代にいた頃、東京から Cicio Mar（葉君健）がその著書（"Forgesitaj homoj" と思われる）を彼のところへ送ってきて、その後数度にわたって手紙のやりとりがあったという。その具体的内容は明らかではないが、当時の中国への日本侵略についても当然熱心な議論がかわされたであろうことは想像に難くない。

さらに、熱烈なナショナリストであった竹内藤吉と共同生活し、そのナショナリズムにへきえきさせられたことはすでに述べた。ランティによれば、竹内はナショナリスティックな理由からエスペラントを宣伝しているのだ、というのである。「彼のナショナリズムは私に吐き気を催させた」とランティはそれこそ吐いて捨てるように述べている。*22

ランティがそうした発言をしたのはもちろん、彼の思想が竹内のそれとはおよそ対極的なものであったからである。来日前の1934年に彼は "Absolutismo" と題する講演*23 を行っているが、彼のいう "Absolutismo" とは、ナショナリズムをはじめとして、およそ思考停止をもたらすような特定の思想への無批判的同一化とそれにもとづく他者への抑圧に対する批判であった。従って、その批判の対象には当然スターリン主義も含まれることになる。というよりも、そもそも一国社会主義が、また「インターナショナリズム」が、nacio の存在を前提としている限りにおいて、ランティにい

ランティと日本のエスペランティストたち

---

21 1937年9月29日付けバニエあて書簡。"Leteroj de E. Lanti" p.190.

22 "Leteroj de E. Lanti" p.212.

23 この講演は、現在、"El Verkoj de E. Lanti" SAT, 1982 に収録されている。

わせれば反動的なのであった。

　エスペラント運動は、彼によれば、まさにそうした現状に対する批判、克服として位置づけられるべきものであった。すなわち、エスペラントをわがものにすることを通じて、民族的な偏りから免れ、「世界市民」（mondcivitano）としての精神のありようを獲得すること、そこにこそエスペラント運動の課題がある、というのである。従って、労働者エスペラント運動とはいえ、もっぱら労働者に対する上記のような意味での教育・啓蒙こそが重視されるべきなのであって、特定の党派の戦術に支配される政治闘争からは距離を置くべきなのだということになる。このようなランティの見解は、政治状況の変化、左右の対立の激化とともに、直接的な政治的有効性を重視する立場からは次第に「ウトピイスモ」であると見なされるに至る。しかし、ランティの思考は、もともとそのような政治的有効性からだけでは律しきれない要素を持っていたのである。

　ところで、30年代の現実はいうまでもなく彼の理想とはまっこうから対立した。そのことも恐らくは彼のペシミズム、静観の傾向を一層強めたであろう。愚行には手を貸すまいという思いがつのってゆく。「目をつむるのが気に入っているのなら、そうなさるがいい。しかし、誰もが盲目になれと要求しないでくれ」。山代で書いた Bosk あての公開書簡*24 で彼はそのように述べている。

　ランティのナショナリズム論やその sennaciismo に対しては当然のことながら、いろいろ批判がありうるところだろう。とはいえ、常に時代の狂気を批判しつづけたその姿勢はやはり評価すべきであろうと私は思う。そうして、この時期のランティを読んでいると、そもそも、われわれエスペランティストがナショナルなものとの真の対決をなしえているかどうかを考えさせられる。われわれ

---

24 "El Verkoj de E. Lanti" p.148.

は今のところ30年代のエスペランティストとは違って、エスペラントを戦争に奉仕させるような事態からは免れている。しかし、だからといって、われわれがいつのまにか、尊大な大国意識にからめとられてしまっていることがないといえるか。エスペランティストであることがそうした状態に陥らないための保障となるわけでは全くないことは、歴史の教えるとおりである。例えば、竹内藤吉の思想と行動は、われわれとは全く無縁なもの、たんにそのファナティックな性格だけに帰せられるべきものとして安心していてよいものだろうか。ランティが30年代に書いたものを読んでいると、そのようなことを考えさせられる。

• まとめにかえて（続々）

　最後に少し、ランティを迎えた日本のエスペランティストたちについてまとめておくことにしよう。

　ランティに対して、偏見なしにエスペランティストとして交わった人たちがいたことは特記すべきであろう。とりわけ京都、大阪ではランティは暖かく迎えられた。時期が時期だけに、それには当然危険が伴うことが予想された。にもかかわらず、ランティがいかなる人物であるかを知りながら（ということはつまり、彼と接触することによって生じうる危険を承知のうえで）、それでもなお、彼と接触しようとしたエスペランティストも確かにいた——それもいわゆる中立主義の立場の人々であった——ことは、おおいに評価されなければならない。関谷正純の回想によれば、警察のやっかいになることを予想して独身者が中心になって、彼の世話をしたのだという。*25

　それから、これは名古屋でのことであるが、竹中治助は、1937

25　吉川奨一「Lanti の歯を直した男 —関谷正純— 大阪でのランティ」"La Movado" 1977年3月号。

年7月18日にフランスの同志が同地を訪れるとの連絡を受けて早速出かけたものの、結局会えずじまいだった。それにもかかわらず、後日、水上警察署特高係の私服刑事の訪問を受けたとのことである。*26

　こうした事実をとおしてわれわれは、当時の日本のエスペラント運動がなお完全に窒息せしめられてはいなかったこと、エスペランティストたちがきびしい情勢のなかで、それでもなおエスペラント運動の理想に忠実であろうとしたことを知るのである。京都、大阪でのランティと日本エスペランティストとの交流については、小論ではほとんど言及できなかったが、たんなるエピソードにとどまらず、記憶すべき歴史的事実であると考える。

　野島安太郎の紹介しているところによれば、*27 1937年11月16日夜、京都エスペラント会のメンバーが集い、ランティの送別会が京都で開かれ、ランティはそこで感きわまって、"Mi estas kortuŝita!"と何べんも繰り返したのだという。そこには、今も変わらぬあのエスペランティスト特有の atmosfero、samideaneco があり、胸を打つ。大阪においても同地のエスペランティストたちが料亭に招待して、語り合っている。*28

　そのような交わりをとおして、ランティを迎えた人たちにとって

---

26 竹中日記（未公刊）による。

27 野島安太郎「中原脩司とその時代」(6)、La Movado 1981年3月号。

28　松本茂雄編『大阪エスペラント運動史』(1)〜(3)（柏原エスペラント資料センター、1976〜1977）には、川崎直一あてのランティの書信4通のほかに、多田浩子「Lanti を新町の料亭へ招待したこと」、西村幸子「Lanti のこと」などの回想、ランティに言及した竹内藤吉の川崎あての手紙、川崎が警察へ提出したドキュメントのうちのランティに関する部分の抜粋などが収録されており、大阪におけるランティの足跡をうかがうことができる貴重な資料である。なお、ランティの日本での生活ぶりについては、彼と親しく交わった川崎の「Lanti の食と住」（Nova Rondo　1968年10月号）が、具体的な生活のディテールをいきいきと伝えていて面白い。ランティと関わりを持った当事者による、より詳細な回想を期待したい。

も彼の存在は大きな印象を残した。例えば、さきの関谷は、フランス語を習いたいという人をランティに紹介したが、ランティはエスペラントなら教えてもいいが、フランス語はどうしても教えまいとした。この経験によって関谷は、エスペランティストとしての精神をたたきこまれたような気がしたと述べている。[*29]

閑話休題。近く "Leteroj de E. Lanti" (1940) が再刊されるとのことである。コマーシャルをするわけではないが、この特異な思想家の風貌を知るために、刊行を機にとりわけ若い世代に本書の一読をすすめたい。もとより半世紀のへだたりは大きいが、彼が当時取り組んだ問題は決して過去のものとなったわけではない。それどころか、例えばナショナリズムの問題にしても、半世紀後の今日、すでに解決ずみであるとは到底いえないどころか、事態は正に逆に、ナショナリスティックな風潮が一層進行していることは否定できない事実である。そうした風潮に対してランティの思考は示唆的であろうし、また、それ以外にも、世界の今を考える手がかりはいっぱいつまっていると私は思う。

さて、この連載もようやく終わりを迎えることになった。資料を充分活用できず、いろいろな点で中途半端な結果に終わったのは残念である。ランティの思想については、エスペラント運動史の枠内にとどまらないより広いパースペクティヴのもとでの再検討が必要であると考え、意図したが、思うようにゆかなかった。とりわけ、人民戦線の問題については、当時の日本における政治・思想状況をもっと視野に入れたうえでランティのそれに対する評価を検討することが必要であると考えるが、及ばなかった。他日を期したい。

最後になったが、長期にわたり紙面を提供してくださった "La Movado" 編集長の小西岳、この連載をすすめられ資料を提供して

---

29 吉川奨一、前掲論文。

くださった坪田幸紀、間違いを指摘してくださった宮本正男の各氏に厚く感謝申し上げます。

(La Movado 1986年11月号〜1987年9月号連載)

　（追記）

　「ランティと日本のエスペランティストたち」の最終回が掲載されたのは"La Movado"誌の1987年9月号であった。それからあっけなく33年が経過したことになる。若いころの気負った文章に年老いてから再会するのは気恥ずかしい。今でも多少は読むに耐えるといいのだが、それは読者の判断にお任せしよう。

　このエッセイのテーマに関連する資料等で連載終了後に発表されたものを、気がついた限りであげておこう。

　「まとめにかえて（続々）」で"Leteroj de E. Lanti"の再刊に言及したが、連載終了直後の1987年に再刊された。なお、坪田幸紀『葉こそおしなべて緑なれ…』の「坪田幸紀年譜」には、「出版費用負担」とある（p.201）。

　「ナショナリストとの共同生活」でランティと竹内藤吉との関わりについて言及した。この点について論じたものとして、橘弘文氏による次の二つの論文がある。

　「山代温泉のエスペランティスト」大阪観光大学紀要第12号（2012年3月）

　「20世紀前半におけるエスペラントと生活世界—竹内藤吉のライフヒストリーの素描から」　同第14号（2014年3月）

　最後に、「はじめに」「出発」で言及した"Ĉu socialismo konstruiĝas en Sovetio?"（『ソヴィエトに社会主義は建設されているか』）が2019年に再刊されたことに触れておこう。ソ連をめぐって同時期にトロツキーが執筆した論文とあわせて一冊の本として再刊された。いまその内容について詳しく論じる余裕がないが、本書はランティの日本滞在の前年に刊行されたものであり、当時

の彼の思想的立場を知る貴重な文献である。本文のあとに、ランティの略伝と Natano Futerfas（1896〜1937）に関する資料がSATのサイトなどから転載されている。彼はソヴィエトのエスペランティストでアナキスト。1937年の大粛清により銃殺された。"Ĉu socialismo konstruiĝas en Sovetio?" に登場するソヴィエト体制の熱心な批判者であるFuterは彼がモデルだとされている。

　(E. Lanti kaj M. Ivon "Ĉu socialismo konstruiĝas en Sovetio? (1935)" / Leo Trocko "Laborista ŝtato, Termidoro kaj bonapartismo. Historia-teoria esploraĵo (1932/35)", Monda Asembleco Socia（MAS), 2019)

記憶の中の本たち

　　嶋田恭子さんが編集長をつとめておられた『エスペラントの世界』の表紙に1983年9月号から1985年4月号まで「読書案内」のタイトルのもとに連載された。連載時には取り上げた本の表紙もあわせて掲載したが、本書に収録するにあたっては省略した。

1983年9月号

Endre Ady
"La Morto de la Ĉielarko"

　エンドレ・アディ（1877〜1919）は20世紀ハンガリーの国民詩人。祖国への愛と解放への希望をうたいあげ、革命のさなかに世を去った。葬列には数万人の民衆がつき従ったという。本書は、カロチャイ、シラジなどの訳者の手になる、その代表作のエスペラント訳詩集であり、時代の息吹を生々しく読者に伝える。1977年、Hungara Esperanto-Asocio から出版された。

1983年10月号

Sándor Szathmári
"Vojaĝo al Kazohinio"

　シャーンドル・サトマーリ（1897〜1974、ハンガリー）の『カゾヒニア旅行記』。20世紀人ガリヴァーが漂着した島カゾヒニアで見たものは、ヒン人とベヒン人とがそれぞれ形成する、およそ対照的な二つの社会であった。この島で彼は次から次へと、とんでもない奇怪な出来事に出くわす。なんとか相互理解に達すべく努力するが、議論はことごとにスレ違い、まるでかみ合わない。そのイラ立たしいおかしさ、いっこうに出口のないもどかしさ。読み進むうちに読者もまた次第に狂気にとらえられてゆく。エスペラント文学の古典と呼ぶには余りに強烈な、反ユートピア小説の傑作。Sennacieca Asocio Tutmonda、1958年。

1983年11月号

Georg Fröschel

"Ho ve, miaj ŝuoj!"

とある宿屋。盗難を恐れる宝石商がダイヤを靴の中にしまいこむ。さて目が覚めると ― 靴がない！ さあ大変、靴の行方をめぐって上を下への大騒動の始まりだ。テンポの早い語り口、善意の登場人物、楽しい挿絵。初心者にも楽しく読める愛すべき小品。58ページ。ドイツ語原作（1932年）のエスペラント訳。Eldona Societo Esperanto、1981年。

1984年1月号

Bernard Golden

"Hieraŭ hodiaŭ morgaŭ"

このところ活躍いちじるしいバーナード・ゴールデンの短編小説集。収録された12の作品はいずれも、明快な文体と語り口とで読者を魅了する。読者は読み進むにつれ、古代エジプトの世界に誘われるかと思えば、プラド美術館で不思議な出来事に遭遇したりもする。物語の楽しさを満喫させてくれる一冊である。96ページ、1982年、TK / Stafeto より刊行。

1984年2月号

A.R. Castelao

"Viveroj"

アルフォンソ・カステラオ（1886〜1950、スペイン）による短編小説集。このような本にめぐり会えるのは幸いなことである。収録された五つの短編はいずれも片々たる小品ながら、一読忘れがたい感銘を与える。老いたガウチョの死、幼い息子に先立たれた父の嘆き、美貌をうたわれた貧しい漁師の娘の上に流れた苛酷な歳月——さまざまな人生が陰影深く語られる。5枚の木版の挿

画もまた味わい深い。原作はスペインのガリシア語で書かれ、半世紀を経た1983年、エスペラント訳が刊行された。

1984年3月号

Chamisso
"La mirinda historio de Petro Schlemihl"

シャミッソー作『ペーター・シュレミールの不思議な物語』。原作者のシャミッソーはドイツ・ロマン派の詩人で、1813年に書かれた物語である。あの「影を失くした男」の話だといえば、思い出す人も多かろう。ビュスターのエスペラント訳は第一次世界大戦終了から数年を経た1922年にドイツで刊行された。敗戦後の混乱のなかで、ひとびとは影を売った男の姿に何を見ていたのであろうか。Ferdinand Hirt & Sohn、1922年。

1984年4月号

Izrael Lejzerowicz
"El la "Verda Biblio""

旧約聖書の物語を借りてエスペラント界を諷した作品である。エスペラント界の著名人をかなりきわどく戯画化しているが、パロディにありがちのいやみがないのは、作者自身がエスペランティストという「永遠の熱狂者」の典型であって、エスペラントに深く共感していたからであろう。作者（1901〜1942）はポーランド生まれのユダヤ人。第二次世界大戦中、トレブリンカの強制収容所へ送られ、そこで死んだ。本書は1935年刊行、1978年、Hungara Esperanto-Asocio から復刻版が刊行された。

1984年5月号

"Enciklopedio de Esperanto"

1933年、ブダペストで刊行。半世紀も前にこれほどの質と量を

もった運動の集大成が行われ得たことに、我々はまず驚かされる。さらにエスペラントについて人々が抱いた様々な夢だとか希望だとかが、この1冊の中にいわば封印されていて、そのことが我々を圧倒する。戦前のエスペラント運動の到達水準と深度とを知るためには、絶好の文献である。また、あてどなく拾い読みしても興味は尽きない。Literatura Mondo。1979年、Hungara Esperanto-Asocio から復刻版刊行。

1984年6月号

Louis Beaucaire
"Fabeloj de la verda pigo"
1981年、TK/Stafeto。エスペランティストの妖精のことやエスペラントの基本文法の第17条のことを知りたくないだろうか。本書にはエスペラント運動にまつわるそんなお話が1ダースおさめられていて読者を楽しませてくれる。語り手は生れついてのエスペランティストである緑のカササギだ。彼の語り口に乗せられて読者はひととき夢の世界に遊ぶことができる。作者自身が昨年、ひと足先にこの夢の世界に旅立ってしまったので、もう続きを聞くことができないのが本当に残念だ。

1984年7月号

Vladimir Beekman
"Lumo de orienta Eŭropo"
ソ連・エストニアの詩人による連作詩（1963年刊）のエスペラント訳である。東欧の苦難にみちた現代史が一行一行に凝縮されているかのごとき感を与える詩である。やはり東欧の歴史的環境から生れたザメンホフとエスペラントのこともうたわれている。翻訳にはエストニアのエスペランティストにして詩人であるヒルダ・ドレーゼンらがあたっている。Eesti Raamat、1978年刊。

記憶の中の本たち

Julian Modest
"Ni vivos!"

ザメンホフの末娘リディア（1904〜1942）の最後の日々をえが
く9幕の戯曲である。舞台は第二次世界大戦下のワルシャワ。ザメ
ンホフの悲願は民族を隔てる壁をなくすことにあったのに、その
子供たちの前にはだかったものこそ、この巨大な壁＝ゲットーで
あった。それならば、彼の理想はついに無力なものであったの
か。本書は、過酷な現実のなかで、それでもなお希望を失うまいと
する人々の姿を浮き彫りにして、読むものに深い感銘を与える。
1983年、Hungara Esperanto-Asocio から刊行。

A.A.Milne
"Winnie-la-Pu"

ご存じ A. A.ミルン（1882〜1956）の『クマのプーさん』のエ
スペラント訳。クマのプーやコブタ、それにクリストファー・ロビ
ン少年らが森の中で繰り広げるさまざまなできごと。やさしさと
暖かさとにみちたこの物語を、子供たちだけに独占させておく手
はない。まだの人は、エスペラント訳でなくともいいから読んで
みること。アーネスト・H・シェパードのおなじみの挿画が本書に
もそのまま転載されている。原作は1926年刊行。エスペラント版
は1974年、E. P. Dutton kaj Kompanio から刊行。

Heinrich Heine
"La rabeno de Baĥaraĥ"

ハイネ（1797〜1856）『バッヘラッハのラビ』（1784）のエ
スペラント訳。「儀式殺人」のでっちあげによるポグロムを逃

れ、フランクフルトのゲットーへと落ちのびるラビとその妻の物
語。ハイネの作品中、最もユダヤ色の濃いとされる作品である。
時代は16世紀のこととされているが、ハイネ同様、訳者のザメン
ホフにとっても、ポグロムは遠い昔の出来事ではなく、まさに現前
するものであった。"La Revuo" 初出1909年、本書は1924年版の
復刻、1984年 Artur Iltis から刊行。

Sándor Petőfi
"Johano la Brava"
1984年12月号

『勇者ヤーノシュ』（1844）。著者ペテーフィ（1823〜1849）
はハンガリーの詩人、独立戦争で戦死した。その名は「詩人」と
同義語だとさえいわれ、同国の代表的詩人である。勇敢にして誠実
な主人公の活躍を描くこの民話風の長編叙事詩を、カロチャイの
名訳によって味わえるのは幸いなことである。彼の訳は1923年に
刊行、以後、何度も復刻された。ペテーフィの選詩集 "Libero kaj
amo"（Corvina, 1970）に収録。

Erni Krusten; trad. Hillar Saha
"Okupacio"
1985年2月号

ドイツ軍の占領下にある第二次世界大戦中のエストニアで、利敵
行為を行ったかどで一人の男が逮捕され、やがて処刑される。
「人を逮捕するのに理由はいつだってある」。この事件をめぐる
周囲の反応、貧しく老いた両親の忍従。エストニアや著者について
われわれは全く知らないが、にもかかわらず、この小さな小説はわ
れわれに、消えがたい印象を確実に与える。原作は1969年刊行、
エスペラント訳は1972年 Eesti Raamat から刊行。

記憶の中の本たち

"tempo" (1934〜1940)

　京都のカニヤ書店から刊行された全文エスペラントの雑誌。その紙面の多彩さには目を見張るものがあるが、何よりも特筆さるべきは、時代と正面から対峙したその姿勢であろう。"tempo"は今、新しい世代によって読み解かれるのを待っている。そして、読み解かれるべき遺産はもちろん"tempo"だけではない。われわれは自らの手で、それに何を付け加えることができるか。1982年、名古屋エスペラントセンター出版会から復刻版刊行。

"Esperanto-katalogo 1984/85"

　ここに掲載された本の数を多いとみるか少ないとみるかはともかく、これが一世紀に及ぶエスペランティストの努力の集積であることは疑いない。そして未来に向かって開かれた目録として、今後さらにその厚みを増してゆくであろうことも。与謝野晶子は「劫初より作りいとなむ殿堂にわれも黄金の釘ひとつ打つ」と歌った。われわれも、読むこと、あるいは書くことを通じて、そのいとなみに参加したいと思う。350ページ。Universala Esperanto-Asocio 発行。

エスペラントの本を読むことについて

　ひとびとが新型コロナウイルス感染への恐怖にすくんでいる現在、エスペラントの本を読むことについて書いたところで、それこそ不要不急の最たる話題だとされかねない。それでなくてもエスペラントの本は発行部数も少なく、読む者も極めてわずかである。例えば、本書でも取り上げた Ed Borsboom の "Kie miozotas memor'" は、有名無名のエスペランティストたちの人生をオランダのエスペランティストが淡々とした筆致で描いた滋味あふれる好著だが、発行部数はわずか220部である。そんなものを読んでどうするのか。

　書き手もいわゆるプロではなく、しろうとである場合も多い。内容のレベルも玉石混淆であることは争えない。それにもかかわらず、エスペラントの本は次々に出され、世界大会に参加して書籍売り場をのぞいてみれば、一般の書店とは到底比較にならぬにせよ、それでも一生かかっても読みつくせないほどの量の本にお目にかかることができる。そうして、エスペランティストたちはそれらの本を買い込み、読む。

　なぜ人は（というよりも、私は）エスペラントの本を読むのだろうか。多年にわたる習慣、慢性化した悪癖（ヴァレリー・ラルボーのいう「罰せられざる悪徳・読書」）だから、というのが最大の理由ではあろう。とはいえ、そう言い切ってしまってはそれで話が終わってしまうので、もう少し、いくつかのエピソードなどに触れつつ、あまり脈絡のない感想をつづってみたい。

　本は基本的にひとりで読むものであるが、読書会という読書

のスタイルもあって、そこでは読む時間を他者と共有し、読書によって触発された思いを他者と交換することができる。難解な古典など、ひとりでは途中で挫折して、なかなか読み進められない本が、集団に参加すれば可能になるというメリットもある。そうした読書会は、何も最近の新しいトレンドではなくて、それこそ昔から存在している。例えば、前田勉『江戸の読書会』（平凡社ライブラリー、2018）は、封建社会の身分制のもとで志を得ない武士たちが、「草木とともに朽ちる」ことを拒否して、生きた痕跡を残すため会読（読書会）に情熱を傾けたことを指摘している。エスペラントについても、古い話になるが、例えば1923年ごろから比嘉春潮の自宅で開かれたいわゆる柏木ロンドでは、参加者が雑誌 "Sennaciulo" や "Sennacieca Revuo"、『共産党宣言』、『国家と革命』などのエスペラント訳を輪読した。当時の最新の社会主義文献をエスペラントで読むことで、先端的な社会主義思想に触れることができたのであった。

　あるいは、これは読書会ではないが、石原吉郎は『望郷と海』に収録された「ペシミストの勇気」と題するエッセイで、シベリアの収容所で行われたエスペラントの講習会について書いている。1947年、カラガンダの収容所で菅季治が開いていた「学芸同好会」で、菅は石原の親友であった鹿野武一に、エスペラントについて話してもらいたいと依頼する。出席者は一人もなかったが、鹿野は菅のみを相手にエスペラントについて2時間ほど語り続けた。そこに菅は「学芸の愛」を見てとっている。感動的な場面である。第一次世界大戦後の捕虜収容所でもエスペラントの講座が盛んに開かれたことを、"Antaŭ unu jarcento"（SAT eldona fako kooperativa, 2018）は伝えている。

　かつて柏木ロンドやシベリアの収容所でエスペラントがまとっていたオーラ、それを「理想」と呼んでもよかろうが、それを現在、高らかに語るのは気恥ずかしい。それでも、現在でもエスペラントをめぐる本について、読書会というスタイルは続いているようである。名古屋の例を挙げると、月1回、できるだけ生きのいい、新しい本を読んで議論しようという趣旨でNilegu と称する読書会をこの6年ほど行っている。皮切りは堀泰雄氏の "Raportoj el Japanio n-ro 15" であった。おりしも東日本大震災と福島第一原発事故が起きて、著者が次第に被災地の状況を、エスペラントを通じて世界に発信するようになるプロセスが同時進行的に語られている。それを読みつつ、本が映し出している日本の現実、そして自分がそうした現実のなかでどう生きるか、などについて考え、議論した。その後、雑誌 "Monato" の記事や、現代ロシアの政治状況をインタビューを通して伝える Kalle Kniivilä の "Homoj de Putin" を読んだりした。その合間に、Julian Modest の "Mara stelo" をはじめとする近作短編小説集を取り上げたこともある。庶民の人生の哀歓を描く作品にまじって、例えば1956年のハンガリー動乱の生々しい光景を描く短編があったりして、そこに時代の状況が刻印されていることを感じ、興味が尽きない。

　読書会の例をいくつか挙げたが、あるテキストをみんなで読んだとしても、それをどう受け止め、どう感じるかは、最終的には参加者ひとりひとりの問題である。ひとりで読んでいても、読書をとおして私という卑小な存在が何か大きなものとつながっているという感覚、それは Esperantio という読者の共同体に属しているといってもいいのかもしれないが、そうした感覚が生じることがある。もちろん、それはエスペラントの本に限ったことではないが、Esperantio という少数者の共同体

においては、より顕著に感じられるのではないかという気がする。エスペラントの本にあっては、一般よりも著者と読者の距離が近い、という事情もあるかもしれない。

　エスペラントの本を読んでいて、これまでも人間は個人的な、あるいは社会全体に関わるさまざまな危機に直面しながら懸命に生きてきた、というしごく当たり前の事実に気がつく。本書の編集の過程で、これまで取り上げた本を改めてひもといているうちに、そうした人間の生に肉薄した作品が多数あることを実感し、戦争、革命、権力による弾圧、あるいは自然災害などの災厄に見舞われつつ、それでも懸命に生きる人びとの姿に改めて感動を覚えた。そうして、エスペラントの本を読むということは、著者たちがエスペラントにより自らの体験や思考、悲しみや喜びを表現し、それを世界のエスペランティストに伝えていこうとするその試みに、読者として参加することではないかと実感した。

　まとまらぬことをまとまらぬままに書いてきた。最後に、これはエスペラントとは直接関係はないが、やはり書物にまつわるそうした消息を語っていると思われる文章を引用して終わりとしたい。その文章は、『エリ・ヴィーゼルの教室から　世界と本と自分の読み方を学ぶ』という本に記されている。著者のアリエル・バーガーはボストン大学でエリ・ヴィーゼルに師事し、彼が師から学んだ多くの教えをその書物に記した。ヴィーゼルはユダヤ人で、アウシュヴィッツ強制収容所で凄惨な体験をして、からくも生き延び、帰還後はボストン大学で長らく教鞭を執った。

　「絶望が人から人へ広がるものならば記憶も同じだ。過去の記憶、大切にしていたものの記憶、さらには、ハシディズムの教えによれば、わたしたちが切望する未来にかんする記憶すら

あるという。そして、証人の話を聞く人は証人になるのだから、ここに綴られた言葉を読む読者よ、あなたもまた証人なのである」（アリエル・バーガー著、園部哲訳『エリ・ヴィーゼルの教室から　世界と本と自分の読み方を学ぶ』白水社、2019）。

　それまではいわば他人事として本を読んでいたのに、ある瞬間、いきなり著者から「そこのあなた」と名指しされ、「あなたも証人なのだ」と断言されてしまう。理不尽な話であるが、しかし、そのようにして人が本にいわば「呼ばれる」ことはあるように思われる。そして、エスペラントの本を読んでいても、そのようなことは起こり得るのである。

あとがきにかえて

　本書は本年9月20日から22日にかけて名古屋市で開催予定の第107回日本エスペラント大会の記念品として企画されたものである。編集を進めていた今年の初めに中国の武漢市で新型コロナウイルスの感染拡大が報道され、それに続いて韓国、イタリア、アメリカ等々とまたたく間に感染は世界へ拡大してゆき、日本でも4月にはついに全国に緊急事態宣言が発せられるに至った。その後、宣言は解除されたものの、このあとがきを書いている7月下旬には、東京、大阪、愛知など大都市圏を始めとして、再び感染者数が急増しつつある。日本大会そのものの開催は決まっているものの、どんな方式にするか五里霧中であり、不測の事態が生じるのではないかとの不安も払拭できず、エスペラント運動もかつて経験したことのない事態に直面している。

　本書の編集は、そうした不透明で不安な状況のもとで進めることを余儀なくされ、外出もままならぬなかで本と向き合う日々が続いた。その過程で改めて感じたことは、読書自体は基本的に本と読者との一対一の対話であるとはいえ、同時に本をめぐる友人との会話や議論にも大いに刺激を受けてきたのだという事実である。とりわけ本書所収の書評の執筆にあたって、さまざまなご指摘、批評、励ましをいただいた方々のことは忘れがたい。ここでは、物故された方のお名前のみを挙げさせていただくにとどめるが、坪田幸紀氏、峰芳隆氏、山口美智雄氏の三氏に改めて感謝申し上げたい。

　本文中では言及できなかったが、山口美智雄氏の『エスペラント読書ノート』（リベーロイ社、1999）は本書の編集にあたって、つねに私の念頭にあった。同書は、エスペラントで書かれた小説を文学作品として批評のことばで論じた、すぐれた試みである。

　最後になったが、本書の刊行に際してお世話になった方々にお礼を申し上げたい。本書の刊行にあたってご配慮をいただいた、山口眞一委員長を始めとする日本大会実行委員会のみなさん、著者との頻繁なメールのやり取りを通じて本書の編集一切を的確に進めていただいた山田義さん、折に触れて助言を賜った森田明さん、綿密な校正をしてくださった吉岡真紀さん、堀田有里さんに感謝申し上げたい。なお、堀田さんには日本エスペラント協会理事（大会組織部長）として、本書の刊行について多大なご配慮を賜った。名古屋エスペラントセンターで Ni legu と名づける読書会に参加して、侃々諤々の議論をしているメンバー、また、本書に収録した書評の最初の読者であり、本書の執筆に協力を惜しまなかった妻の順子にも感謝したい。

　表紙や扉などに Ni legu のメンバーである米川五郎さんの作品を使用することをお願いしたところ、快諾をいただいた。米川さんはマウスを使って描く「パソコン版画」の手法により二十余年にわたり作品を制作されている。また、デザインは、伊藤康祐『個独のブログ』、伊藤順子作・杉藤由佳絵『しっぽがわらう　Vostoj ridas!!』に続き、河村誠さんに引き受けていただいた。お二方に感謝申し上げる。

　また、本書に収録された書評は、"La Revuo Orienta" "La Movado"『エスペラントの世界』『センター通信』の各誌に掲載されたものである。拙い文章を発表する機会を与えてくださった、一般財団法人日本エスペラント協会、一般社団法人関西エスペラント連盟、日本エスペラント通信社、名古屋エスペラントセンターに感謝申し上げる。また、書評の一部は名古屋エスペラントセンターのウェブサイトにも掲載されている。

2020年7月31日

伊藤 俊彦

★

212

伊藤俊彦（いとう・としひこ）

1952 年愛知県生まれ。名古屋大学入学とともに
エスペラントを始める。のち、名古屋エスペラ
ントセンター会員となり、現在に至る。退職後、
2012 年から 2014 年にかけてイタリアのペルー
ジャ外国人大学でイタリア語を学ぶ。帰国後、読
書会 Ni legu を主宰。2018 年から日本エスペラ
ント協会理事を一期務める。

歴史・文学・エスペラント
Historio Literaturo Esperanto
第107回日本エスペラント大会記念出版

発行日：2020 年 9 月 20 日

著者：**伊藤俊彦**　Ito Toshihiko

発行所：名古屋エスペラントセンター
〒 461-0004
愛知県名古屋市東区葵一丁目 26-10-301
http://nagoya-esperanto.a.la9.jp

発売元：一般財団法人日本エスペラント協会
〒 162-0042
東京都新宿区早稲田町 12-3
電話 03-3203-4581　FAX 03-3203-4582
https://www.jei.or.jp

画：米川五郎
編集・版下作成：山田義
デザイン：河村誠
印刷：ツゲ印刷株式会社

Nagoja Esperanto-Centro 2020 Presita en Japanio
ISBN978-4-88887-105-1　C0090